# Le marché électoral

DES MÊMES AUTEURS

*Lois électorales et inégalités de représentation en France (1936-1960),* en collaboration avec Pierre Lalumière, introduction de Maurice Duverger, Armand Colin (Cahiers de la Fondation nationale des Sciences politiques, 107), 1960.

*Giscard d'Estaing-Mitterrand : 54 774 mots pour convaincre*, en collaboration avec Jacques Gerstlé et René Moreau, Presses universitaires de France, 1976.

*Dictionnaire de politique : le Présent en question*, en collaboration, Larousse, 1979.

« De la communication élective à la communication cathodique », dans Lucien Sfez (dir.), *Dictionnaire critique de la communication*, Presses universitaires de France, 1993.

*Le Budget de l'État*, Presses universitaires de France (coll. « Que sais-je ? »), 7e édition, 1994.

*Les Systèmes électoraux*, Presses universitaires de France (coll. « Que sais-je ? »), 7e édition, 1999.

Jean-Marie Cotteret
Claude Emeri

# Le marché électoral

ÉDITIONS MICHALON

35, rue Berger – 75001 Paris
ISBN : 2-84186-220-8

# Introduction

Historiquement, la légitimation du pouvoir politique n'est pas toujours passée par des procédures électives : le chef traditionnel s'impose souvent par la force, la ruse ou la magie ; mais, en tout cas, il cherche à résoudre le « mystère de l'obéissance civile » dont parle Bertrand de Jouvenel. Et l'on constate alors que les pouvoirs politiques les plus stables sont ceux qui se sont imposés moins par la force que par la contrainte idéologique, sorcellerie ou religion : la République romaine a vite déifié les empereurs. À partir du Moyen Âge, l'Église prend en charge la légitimation des souverains par la cérémonie du sacre : l'histoire de la monarchie française est caractérisée par un glissement de l'élection du roi vers un système héréditaire consacré par l'Église. Si « le Roi ne tient son trône de nului que de Dieu », la souveraineté de droit divin s'appuie sur une grande religiosité populaire et sur la cérémonie du sacre. C'est pécher que de désobéir au roi sacré par l'Église ; c'est usurper son trône que s'en emparer sans le consentement de l'Église (Jeanne d'Arc, à dire vrai, n'a fait qu'investir un usurpateur).

Le passage de la souveraineté de droit divin à la souveraineté de la nation ou du peuple s'est opéré par le biais du régime représentatif : il s'agit d'un système constitutionnel dans lequel le peuple intervient dans le jeu politique par l'intermédiaire de ses élus. Ce régime s'oppose ainsi tant à la monarchie, qui exclut toute participation des citoyens à l'exercice du pouvoir, qu'à la démocratie directe, qui postule le gouvernement par le peuple sans faire appel à l'élection. Le régime représentatif implique, lui, une certaine participation des citoyens à la gestion de la chose publique qui s'exerce sous la forme et dans la mesure de l'élection. Les représentants élus du peuple sont les gouvernants légitimes. Historiquement, il est vrai que cette forme de gouvernement a été inventée pour désinvestir les monarques et faciliter le transfert du pouvoir des mains de l'aristocratie vers celles de la bourgeoisie. Mais le caractère sacré du pouvoir s'est maintenu : dès le XVIII^e^ siècle, ce n'est plus l'Église, mais le peuple électeur qui investit le souverain : l'élection remplace le sacre ; quand la cérémonie religieuse demeure, elle tourne à la mascarade (sacre de Charles X en 1825 à Reims) ou perd une grande part de son contenu (Bonaparte se couronne lui-même). Au contraire, au soir de l'élection, même âprement disputée, la légitimité du vainqueur est assurée : c'est « l'état de grâce ».

Dès lors, à la lecture du droit politique libéral, on constate que deux types de gouvernements s'affrontent dans le monde – il s'agit du monde politique du XIX^e^ et des premières années du XX^e^ siècle : les régimes politiques du passé, d'essence théocratique, dont l'autorité repose sur le droit divin et qui procèdent d'une légitimité autocratique, et les régimes politiques modernes fondés sur les droits de l'homme et les libertés individuelles, qui procèdent de la légitimité démocratique que confère l'élection. Et la conclusion est vite tirée : là où il n'y a pas d'élection, il n'y a pas de liberté.

Certes, il n'était pas toujours commode de justifier l'autorité des gouvernants, qualifiés de « représentants ». Que représentaient-ils en vérité ? Quelles étaient véritablement l'étendue et la nature de leurs compétences ? Les théoriciens du droit public ont élaboré des constructions plus ou moins habiles de la légitimité démocratique, et on a vu se développer des polémiques parfois acerbes qui portaient tant sur le principe que sur les modalités de la représentation politique.

Alors que les théoriciens de la représentation avaient bâti leur système sur la notion de confiance entre gouvernants et gouvernés, c'est l'idée de représentation-miroir qui est née dès l'apparition du suffrage universel.

Les théories se sont alors polarisées pour l'essentiel sur l'idée de fidélité dans la représentation : si le système électoral permet aux gouvernants de reproduire une image fidèle des gouvernés, on est assuré de la nature profondément démocratique du régime. On conçoit aisément que, dans cette perspective, les systèmes électoraux aient joué un rôle capital ; par leur seule influence mécanique, ils sont susceptibles de modifier le fonctionnement des institutions politiques, en favorisant telle ou telle catégorie sociale, telle ou telle nuance de l'opinion, telle ou telle forme de gouvernement. On s'explique également, toujours dans cette conception, que le problème de l'égalité dans la représentation ait été au cœur des débats politiques relatifs aux systèmes électoraux ; l'élection-représentation était liée à l'expression de la pluralité des opinions qu'elle devait sauvegarder : il en résultait que seul un système électoral garantissant cette pluralité d'opinions était le gage de la liberté des citoyens. Dans une telle perspective, l'élection pouvait servir de critère entre les régimes où la compétition politique s'exerçait librement et ceux au sein desquels le monopole d'un parti excluait toute possibilité de choix.

Mais ces théories servaient aussi à masquer la prise du pouvoir par certaines classes sociales et plus précisément la classe bourgeoise ; c'est ce que Marx stigmatisait avec virulence dans sa formule classique : « Les élections ne sont que le moyen qui permet aux opprimés de choisir, tous les quatre ans, de nouveaux oppresseurs » ; le régime représentatif n'a pas supprimé la distinction, de nos jours classique, entre gouvernants et gouvernés, entre dominants et dominés ; il l'a même, sans doute, confortée.

D'ailleurs, cette contradiction, soulignée par les marxistes, n'a pas été surmontée par les États socialistes. En effet leurs théoriciens ont mis l'accent sur la vanité du principe représentatif dans les sociétés soumises à la lutte des classes ; sur ce point, leur argumentation est incontestable. Poursuivant leur analyse, ils ont posé comme principe que, dans une société sans classes, l'élection permet à l'ensemble du corps social, au peuple entier, de prendre la décision politique unanimement acceptable et acceptée. Il s'ensuit que le pluralisme des forces politiques, qui marque la division de la société en classes doit être supprimé : l'électeur est appelé à voter pour une liste de candidats dressée par le parti unique, chargé d'exprimer au niveau des institutions les aspirations profondes d'une société homogène. Dans une telle conception, l'élection politique change de signification : il ne s'agit plus de représenter les citoyens, les intérêts et les idéologies, mais d'appeler directement le peuple entier à la prise de la décision.

Tel est le principe. On doit noter qu'il a été mis en application dans des conditions qui n'ont pu que choquer les libéraux des années trente : le principe du parti unique est contraire à toute la philosophie libérale. Par ailleurs, l'élection en régime soviétique ressemblait étrangement aux cérémonies pseudo-électives qui se déroulaient à la même époque dans les régimes fascistes. Ici et là, plutôt que de permettre une participation du peuple à l'exercice du pouvoir, l'élection sacralisait, dans une communion d'un nouveau genre, la dictature de l'homme ou du parti unique. C'est dire que l'essentiel du débat gravitait autour de la notion de démocratie dont on ne savait plus, en fin de compte, quelle était sa signification, encore moins son contenu. Tous s'accordaient sur la primauté de l'élection ; mais se séparaient quand il s'agissait d'étudier sa portée.

## L'élection, critère de la polyarchie

La dernière décennie a été incontestablement celle de la « transition démocratique ». Derrière ce vocable équivoque et passablement fourre-tout, – transition, oui, mais vers quoi ? – l'éternel débat sur la notion de démocratie a pu reprendre, simplement renouvelé par le délabrement de l'État socialiste et des mirages de démocratie de masse qu'il entretenait.

C'est le mérite de l'analyse comparative que d'avoir imposé une vérité première, rappelée vigoureusement par Jacques Zylberberg : « La démocratie n'est pas un concept opératoire. » Nul n'en disconvient plus aujourd'hui : c'est une construction théorique, une valeur idéologique et, pour certains, un mythe. Car chacun voit la démocratie à sa porte revêtue des atours et des vertus qu'il lui prête ; en règle générale, elle répond à la définition classique imputée à Lincoln : gouvernement du peuple par le peuple pour le peuple. N'insistons pas sur le contenu utopique des deux premiers éléments de la définition, pour nous attarder plutôt sur le troisième. « Pour le peuple » nous ramène loin en arrière dans l'histoire des idées, au célèbre tableau aristotélicien des formes de gouvernements gravé dans la mémoire de tout étudiant d'année préparatoire de Sciences po. En démocratie, tous gouvernent dans l'intérêt de chacun, égoïstement défini. Lorsque tous gouvernent dans l'intérêt général, collectif, il s'agit de la république, ou, dans l'étymologie, de « politeïa ». La démocratie n'est, à tout prendre, que la forme dévoyée de la république, et ne mérite pas la dévotion dont elle est l'objet, qui aboutit parfois à ce qu'elle habille les pires formes de totalitarisme et plus fréquemment à accepter qu'elle puisse avoir, comme Janus, deux visages, celui du libéralisme et celui de l'absolutisme. Cette image passablement brouillée fut dominante en Europe occidentale dans la seconde moitié du XXe siècle dans le discours universitaire sur « les deux formes de démocraties », qui avait l'avantage d'intégrer l'URSS de Staline dans le camp des démocraties victorieuses du totalitarisme (nazi). Au prix de contorsions intellectuelles ou sémantiques qui opposaient démocratie libérale et démocratie socialiste, démocratie pluraliste et unanimiste, démocratie formelle et démocratie réelle, etc. À la même époque, soucieux d'élaborer un modèle de gouvernement pour les États nouvellement issus de la décolonisation, les politistes américains tentaient de sortir du piège en articulant les institutions de l'appareil politico-administratif sur les prérequis d'ordre socioculturel variables en fonction du niveau de développement des sociétés politiques. Partant du constat élémentaire que l'on ne gouverne pas de la même manière à Tegucigalpa, à Pékin ou à Ottawa, l'hypothèse de travail des spécialistes en ingénierie institutionnelle est celle d'une classification des formes de sociétés démocratiques avérées ou en transition ; Edward Shils, Gabriel Almond, David Apter, Karl Deutsch ont défriché le terrain aujourd'hui parfaitement balisé.

Nous ferons ici une place à part à Robert A. Dahl parce qu'il a mis plus fortement que les autres l'accent sur la variable électorale dans la construction démocratique et, surtout, parce qu'il a débarrassé le débat de ses scories « sémantico-idéologiques » en inventant et en imposant – à vrai dire : en ressuscitant et en modernisant la république aristotélicienne – le concept de polyarchie. Ramenée, par nécessité ici, à l'essentiel, la démarche est simple : elle consiste dans un premier temps à remettre la notion de démocratie à sa juste place, sur le rayon des croyances politiques, et de ne pas l'en sortir. Pour passionnant que soit le débat sur sa nature et son contenu, il ne doit pas envahir le terrain du concret sur lequel travaillent les ingénieurs institutionnels. La notion de démocratie ne franchit pas le seuil de la construction polyarchique qui est celle d'un mode de gouvernement. À nos yeux, la république, gouvernement du peuple dans l'intérêt général, ne peut s'imaginer concrètement que dans un environnement pluraliste, intégrant l'ensemble des attentes sociales et des intérêts particuliers, dans une volonté générale, au terme d'un processus de négociation qui englobe les pluralismes et légitime l'appareil politique.

Le gouvernement polyarchique se présente alors comme le fruit d'un équilibre, sans cesse remis en question dans un environnement sociétal en constante évolution, entre des forces antagonistes qui alternent ou cumulent le dialogue et la compétition : « le modèle polyarchique postule que de la libre compétition entre les groupes résulteront des décisions acceptables par l'ensemble de la communauté. De la tension entre les groupes doit naître un équilibre précaire, sans cesse remis en question, temporairement légitime. » Aujourd'hui encore, Dahl peaufine le catalogue des prérequis institutionnels du modèle, que l'on peut ramener à l'essentiel : l'élection pluraliste des gouvernants, c'est-à-dire le suffrage universel, la périodicité des scrutins, la liberté de constituer des partis et associations politiques, le pluralisme de toutes les formes de communication, la liberté d'expression, etc. Le système électoral est alors au cœur du système politique polyarchique qui en est totalement tributaire.

On imagine, bien sûr, la place fondamentale des normes constitutionnelles dans une telle construction : elles seules peuvent garantir la pérennité et l'efficacité du système électoral. De même qu'il n'y a pas de polyarchie sans élection, il n'y a pas de polyarchie sans État de droit. Et la notion aronienne de démocratie constitutionnelle pluraliste recoupe très largement la construction dahlienne, elle-même très proche des propositions de Joseph Schumpeter, dont on rappelle les phrases les plus connues : « La méthode démocratique est le système institutionnel aboutissant à des décisions politiques dans lequel les individus acquièrent le pouvoir de statuer sur ces décisions à l'issue d'une lutte concurrentielle portant sur les votes du peuple... démocratie signifie seulement que le peuple est à même d'accepter ou d'écarter les hommes appelés à le gouverner. » La « lutte retenue » (Aron), « le match » (Lavau) qui légitiment l'autorité du vainqueur parce qu'ils ne disqualifient pas les vaincus.

Après l'évanouissement des mirages socialistes, le modèle polyarchique est devenu, dans les années quatre-vingt-dix, la référence obligatoire pour tous les États en transition démocratique. Le nouveau constitutionalisme insiste moins, de nos jours, sur le principe de séparation des pouvoirs, considéré comme dépassé dans les polyarchies majoritaires – où un seul ou une coalition de partis détiennent l'ensemble des instruments du pouvoir – que sur les conditions dans lesquelles les gouvernés ont accès aux différents instruments décisionnels, aux divers sites du pouvoir. La « bonne gouvernance » est considérée comme étant celle où le pluralisme des forces politiques et sociales et la fluidité du dialogue social sont garantis par l'ensemble de l'organisation institutionnelle.

On doit reconnaître sa fragilité et le risque permanent de blocage et de perversion du système polyarchique, remis en question à chaque échéance électorale : un de ses *boosters*, induit par la permanence de la compétition et de la négociation en son sein, est l'alternance au pouvoir ; un autre est le pluralisme des centres de décision. Que l'un des agents politiques s'empare de tous les leviers du pouvoir et s'y maintienne de façon indûment pérenne et l'ensemble du mécanisme se grippe ; une des raisons de l'échec de la polyarchie en Afrique noire dans les années cinquante fut l'impossible alternance provoquée par un système de parti dominant inséré dans une totale patrimonialisation de l'État. On attachera alors une attention particulière à la tendance naturelle des êtres à « persévérer dans l'être », aux règles relatives à la durée du mandat, à la rééligibilité – d'une manière générale à la professionnalisation de la politique –, à la décentralisation territoriale ou fonctionnelle dont les autorités doivent être élues, à la réalité vécue du pluralisme de la communication, au statut du citoyen, etc. En bref, on surveille en permanence le marché et les échanges qui s'y effectuent.

Cette surveillance est devenue d'une importance telle qu'elle fait appel, partout où la polyarchie n'est pas en place depuis une longue période ininterrompue – dans ce cas, selon Arend Lijphart, il est possible d'apposer le label de démocratie –, à des observateurs venus de l'extérieur et qui, au nom de la communauté internationale, délivrent ou refusent le certificat de bonne conduite à l'État en transition ou en construction. Or, ce certificat devient indispensable pour accéder aux « maisons communes », Conseil de l'Europe ou Union européenne de ce côté de l'Atlantique, Organisation des États américains de l'autre, qui conditionnent le bénéfice de prébendes et d'aides au développement. La règle est même parvenue au niveau universel lorsque l'ONU a réintégré l'Afrique du Sud en son sein après avoir validé les premières élections qui s'y sont déroulées au suffrage universel. Dans l'aménagement de l'État, le système électoral est la pièce aujourd'hui la plus importante, il ne faut pas le quitter des yeux.

D'autant que les États soumis au contrôle n'apprécient guère cette forme de tutelle qu'ils jugent passablement humiliante et peuvent être tentés d'en contourner préventivement les aléas. Les organismes spécialisés ne dissimulent d'ailleurs pas que, s'ils sont en mesure, comme le ferait tout reporter adroit, de repérer les infractions les plus manifestes aux règles de bonne conduite électorale, la durée de leur séjour sur place dans la période précédant le scrutin ne leur permet pas de déceler les manœuvres plus discrètes et d'ordre bureaucratique concernant pour l'essentiel la liste électorale et les candidatures. Ce n'est qu'exceptionnellement – en Bosnie-Herzégovine par exemple – que l'ensemble du système électoral a été importé, faute de supports suffisants à l'intérieur de l'État révolutionné.

En tout cas, partout ou presque, aujourd'hui, les ingénieurs institutionnels tentent de donner à la démocratie le visage de la république.

## L'entreprise électorale

Mais encore faut-il savoir de quelle république il s'agit. On la qualifie spontanément de « représentative ».

Pourtant, l'observation des systèmes politiques apporte un démenti à cette affirmation. Aujourd'hui, on peut dire que le système électoral repose fondamentalement sur un principe mystificateur qui dissimule un subterfuge : le principe représentatif, qui prétend que l'élu représente l'électeur, traduit sa volonté, ses attentes, revendique en son nom et, au bout du chemin de la démocratie, gouverne en son nom. En fait il n'en est rien : l'élu est le commis d'une entreprise qui le charge d'assumer les différentes fonctions qu'elle exerce dans un marché politique plus ou moins ouvert selon le nombre de celles qui y participent et les rapports de concurrence qui s'établissent entre elles. Dans les systèmes polyarchiques les plus élaborés du monde contemporain, ces entreprises ont un nom : les partis politiques.

Cette mystification s'est effectuée en trois temps, parallèlement à la montée en puissance de l'idée de démocratie gouvernante ; elle est trop connue pour qu'on s'y attarde, mais il est indispensable de remettre l'essentiel en mémoire.

Aux origines se trouve la notion juridique de mandat ; il s'agit d'un acte juridique de droit privé, individuel et à contenu impératif. Le mandant confie à un mandataire qu'il choisit la mission d'agir en son nom, d'accomplir, de signer, de ratifier tel ou tel acte, juridique ou matériel, qu'il n'est pas en mesure d'assumer lui-même en raison d'incapacité accidentelle : trop éloigné, absent, disons généralement : empêché. On imagine volontiers un mandat exprès pour un acte déterminé, ce qui lui donne un contenu manifestement impératif : le mandataire dispose d'une compétence liée (par les termes du contrat qui l'unit au mandant). Mais on comprend que du fait de la répétition, la banalisation du geste, le contenu du mandat s'élargisse dans son volume et se pérennise dans le temps. Strictement *ad hoc* à l'origine, volontiers général par la suite – parce que l'empêchement dure, parce que les actes à réaliser se diversifient, parce que le procédé est pratique, gratifiant et progressivement professionnalisé –, le mandat va naturellement s'épanouir dans l'univers politique. Comme il s'était installé dans le monde des affaires, dans l'expression des idées, des croyances, des attentes sociales, dans la gestion du patrimoine, des intérêts, des affaires privées. Dans les deux cas, le déclin de son particularisme va de pair avec celui de son caractère impératif : le mandataire est prié d'agir « au mieux des intérêts » de son mandant, à qui il doit, de temps à autre, « rendre compte », sans plus. Le mandat devient alors représentatif et s'assortit d'une sanction éventuelle : sa résiliation.

Tout au long de cette évolution, en droit anglais, un mot conserve la même signification : *deputy* (en français « remplaçant »). Quand la démocratie représentative s'installait à Westminster, il y a près de huit siècles, on pouvait le traduire par porte-parole, et par un jeu de mots excusable... « porte voix », celui qui s'exprime au nom de... Car en droit constitutionnel, le régime représentatif, ce n'est rien de plus que l'association des gouvernés à la gestion des affaires publiques, une forme de légitimation du pouvoir par la compromission de ceux auxquels il s'applique. Lorsque leur nombre est significatif d'une large fraction de la population, on pourra hasarder les mots de « démocratie gouvernée » au sens de Burdeau, pour bien marquer que les représentants – de la nation, du peuple, des citoyens, peu importe – ne gouvernent pas, ils se cantonnent dans une fonction d'appoint fondamental qui est d'ordre acclamatoire, George Lavau disait « tribunicienne », les politistes systémiques disent « d'agrégation des attentes ». La meilleure traduction historique de cette fonction se trouve sans doute dans les cahiers de doléances dont étaient physiquement porteurs les députés aux États généraux, mandatés à cette fin unique de communiquer au souverain – mal informé – les récriminations et les suggestions du corps social. Poussons jusqu'à la caricature : l'instance représentative – États généraux à Versailles, Parlement à Westminster – n'est rien de plus qu'un bureau de réclamation, instrument de régulation politique d'un pouvoir non encore partagé.

C'est le passage à la « démocratie gouvernante » – relisons Burdeau – qui transforme la nature du mandat sans en modifier pour autant l'aspect formel et le contenu symbolique ; le virage est pris à la fin du XVIIIe siècle aux États-Unis et en France, quand des Conventions s'emparent du pouvoir normatif par son sommet constituant. Rien d'autre que ce que le Parlement britannique avait réalisé un siècle plus tôt en imposant au roi de Hanovre le *Bill of Rights* qui instituait entre eux un partage inégal mais réel du pouvoir normatif. L'essor du parlementarisme en Europe, la montée en puissance de la présidence impériale dans le modèle américain se résument, de notre point de vue, en une mutation profonde du mandat qui de représentatif devient normatif – disons plus généralement : gouvernemental. L'acte de vote ne vise pas – ou vise moins – le choix d'un représentant que celui d'un gouvernant, et ceci quelle que soit l'institution considérée : le maire, le conseiller général, le député, le président de la République. L'élu peut être porteur d'attentes, il est surtout investi d'une autorité qui s'exprime par sa participation, exclusive ou partagée, à l'édiction des normes générales et à l'exercice des compétences de l'institution considérée.

Au sein de cette dernière, dans la vie quotidienne de l'univers politico-administratif, le rapport dialectique entre pouvoir et responsabilité est profondément modifié alors même que l'illusion politique – au sens d'Ellul – maintient la fiction de la dépendance du mandataire par rapport à son commettant. L'idéologie républicaine, le mythe démocratique maintiennent la fiction d'une « loi expression de la volonté générale » édictée par la nation (ou le peuple) « directement ou par l'intermédiaire de ses représentants » alors que les sites du pouvoir politico-administratif sont hors de portée du citoyen qui n'y accède qu'à travers de multiples filtres qui le tiennent sous la dépendance de la classe politique qui le détient et de la bureaucratie qui la relaie – la caricature la plus cruelle dans le langage quotidien : « circulez, y a rien à voir ! » ou : « parlez dans l'hygiaphone ! »

On a utilisé les mots-clés : « classe politique ». La critique la plus pertinente du principe représentatif a été initiée par la filière marxiste pour être retournée contre ses adeptes par l'école sociologique machiavélienne. On la résumera ici en rappelant la légitimation des systèmes autoritaires/populistes par « la loi d'airain de l'oligarchie » de Robert Michels. Le mérite de Raymond Aron et de ses disciples aura été de bien marquer l'universalité des catégories dirigeantes et les différences structurelles qui permettent de distinguer les systèmes politiques pluralistes des systèmes unitaires : ici, la classe politique des *apparatchiks* est une et hermétique, là elle intègre ou exclut dans la porosité de la classe dirigeante des techniciens de la chose publique issus d'élites sociales diversifiées. L'homogénéité s'oppose à la pluralité et le caractère négocié des normes collectives s'en ressent.

Car la vérité est aujourd'hui celle qui se situe dans la lignée entamée par Ostrogorski, et prolongée tant par Max Weber ou Joseph Schumpeter que par les théoriciens contemporains du consumérisme politique. Nul ne conteste sérieusement à présent l'analogie entre le marché politique et le marché économique ou financier. Sur l'un comme sur l'autre, une ou plusieurs entreprises se présentent pour offrir des biens, d'investissement ou de consommation, qui sont des positions de pouvoir décisionnel ou normatif à des électeurs, investisseurs ou consommateurs, qui en attendent des avantages, profits matériels ou symboliques dans les domaines les plus variés de la vie sociale. Que l'offre soit de type monopolistique ou concurrentiel importe moins que l'obligation faite à l'entreprise de parfaire son organisation, sa technologie, sa stratégie en vue de mieux répondre à une demande – des attentes – qu'il faut anticiper, éventuellement susciter, satisfaire, en bref : maîtriser. Dans cet univers, l'acte électoral est de type clientéliste plutôt que de type rationnel, sauf à incorporer l'un dans l'autre, ce qui n'est pas inconcevable. Cette incorporation est rendue plus vraisemblable par l'élaboration, progressive mais irréversible, d'un véritable « droit des affaires » politiques, qui encadre le marché et renforce sa légitimité – appelons-le « droit électoral », chapitre aujourd'hui primordial de l'organisation de l'État-nation et de ses démembrements.

Dans ce nouvel univers, le principe représentatif est bousculé au point d'être renversé. L'action politique n'est plus simplement scandée par un calendrier électoral et des échéances variables dans le temps, mais soumise à la double obligation de la permanence et de l'adaptation qui conditionnent sa survie : ne rien vendre est moins grave que déserter le marché, qui doit être occupé chaque jour, alors même que les clients éventuels n'y sont pas convoqués. Il en découle la place fondamentale des moyens de communication dans la stratégie des partis-entreprises : Ils doivent être toujours présents dans la vie sociale, dans l'imaginaire collectif et même dans la vie quotidienne des individus. Leur action dépasse alors le groupe des seuls citoyens. L'emprise sur les réseaux de communication est alors nécessaire et occupe une place majeure dans leur activité, au point que parfois, au Brésil lors de l'élection du président Collor, on a pu confondre le parti du candidat avec le réseau médiatique – O Globo – qui le soutenait.

Une vision paranoïaque du système représentatif contemporain peut alors aboutir à la description d'un système de type totalitaire au sein duquel l'ensemble du corps social constitue la clientèle captive du ou des partis politiques. S'il est vrai que cette hypothèse était quasiment vécue dans les dictatures totalitaires de type stalinien, à Moscou ou à Budapest, de type duvaliériste en Haïti, et semble encore d'actualité autour de Bagdad, l'aménagement polyarchique des systèmes de partis contemporains propose un cadre général de type concurrentiel qui laisse à l'électeur-consommateur un choix plus grand, rassurant dans son illusion d'autonomie : « Moi, monsieur, je vote Laguiller, je refuse la majorité plurielle qui oppresse la classe ouvrière ! » À la limite, rien ne le contraint à fréquenter le marché ; lorsque le vote est obligatoire, un vote blanc n'est pas punissable.

Mais il n'en demeure pas moins vrai que la relation de pouvoir est inversée. Alors que le contrat de mandat implique une situation de domination au bénéfice du mandant, on constate la dépendance du citoyen à l'égard d'un système politico-administratif qui n'inscrit que très superficiellement sa légitimité dans l'acte de vote. Ce dernier a perdu d'ailleurs très largement son contenu politique ; une preuve, qui n'est pas anecdotique : les partis abandonnent parfois la référence au vocabulaire politique traditionnel qui en faisait l'originalité dans le dialogue social. Depuis longtemps aux États-Unis, démocrates et républicains se séparent moins, aux yeux des électeurs, par leurs programmes que par les symboles qui les différencient : l'âne et l'éléphant. Il y a quelques mois, à Paris, on a proposé d'appeler « la maison bleue » *(sic)* le parti du président. La dérision n'est plus très loin, en Pologne, quand le « Parti des amis de la bière » y emporte un nombre significatif de sièges à la Diète élue en 1990, ou en Belgique quand le « Parti des libertins » entre au Parlement – on a pu proposer de qualifier cette perversion du message de « coluchisme ».

L'arène politique se confond alors avec la scène du music-hall, voire du cirque, et l'électeur-spectateur se contente de reprendre en chœur, briquet allumé au bout des bras levés, les refrains que lui proposent les stars de la politique-spectacle, que l'on retrouve d'ailleurs mêlées à celles du show-business dans le top 50 du *Journal du dimanche.* Et le tour de passe-passe est réalisé lorsque, au Palais-Bourbon, le ministre s'adresse aux députés clairsemés : « Je prends à témoin la Représentation nationale... » Il n'y a plus guère à cet instant que les naïfs ou les théoriciens de la démocratie représentative pour se laisser abuser. Une preuve supplémentaire ? C'est la Cour suprême des États-Unis qui désigne le vainqueur du match Bush-Gore de l'an 2000 en donnant l'ordre d'arrêter le décompte des bulletins de vote ! Nul n'y trouve à redire.

Car le terme du parcours est alors atteint. Le système électoral a certainement été inventé comme instrument de représentation des citoyens. Il est aujourd'hui en priorité construit pour légitimer l'autorité des gouvernants. Composante essentielle du système politique, il a progressivement investi celui-ci, l'a envahi, influencé, domestiqué, au point que l'on peut aujourd'hui se demander s'il ne s'est pas finalement substitué à lui.

# Première partie

# Le client du marché électoral : le citoyen

Ça va de soi ? La science politique française ne s'est jamais préoccupée de définir le système électoral ; aujourd'hui encore, le remarquable *Dictionnaire du vote* dirigé par Pascal Perrineau et Dominique Reynié, spécialistes incontestables en la matière, ignore totalement cette entrée. *Le Dictionnaire constitutionnel* de Duhamel et Mény se contente d'un renvoi à l'entrée : « mode de scrutin ». C'était la règle il y a cinquante ans lorsque Maurice Duverger présentait à Zurich le rapport qui a fait sa réputation mondiale ; une vision réductrice qui échappait à la critique lorsqu'on utilisait parallèlement le terme de « régime » pour qualifier l'ensemble des règles encadrant le processus électoral – ainsi fait Jacques Cadart dans son démontage du système de Westminster. En Allemagne, Dieter Nohlen intègre le régime dans le système : il détermine les normes relatives à l'expression des préférences politiques des électeurs et à la conversion des votes en sièges parlementaires ou en postes de gouvernement. La démarche est encore imprégnée d'une vision mécaniste de l'acte de vote. À Londres, à la même époque, on se pose la question de savoir « comment l'électeur décide » *(how voters decide)* pour aboutir à un constat simple, qui est celui de l'échange. L'analyse psycho-sociologique du comportement de l'électeur fait apparaître le caractère fondamentalement rationnel de son choix ; pour Anthony Downs, une rationalité économique qui assimile ce choix à une décision d'investissement. Pour l'équipe de la *London School*, animée par Hilde Himmelweith, s'appuyant sur quinze années d'élections britanniques, il s'agit d'une décision de consommateurs : l'électeur anticipe les futurs qui lui sont proposés par les différents candidats, et prend une première décision qui est celle de voter ou de s'abstenir. Le modèle est de type consumériste, puisque l'horizon de la décision ne se situe pas dans un futur plus ou moins lointain mais au moment même où elle est prise : est-ce que ça en vaut la peine ? L'utilité immédiate du bien ou du service proposé est au centre du processus de formation du choix.

Immédiatement, l'observation d'une telle démarche appelle la métaphore du marché qui s'impose avec ses diverses composantes : un lieu public d'échanges sur lequel s'organisent, à intervalles réguliers, des transactions entre une offre et une demande électorale. L'offre émane pour l'essentiel des partis politiques ; on les verra plus loin présenter des programmes, des promesses, des candidats. Auparavant, on doit cerner précisément le chaland qui se rend éventuellement sur le marché pour y acquérir, peut-être, quelque produit ou quelque plaisir : l'électeur, que nous appellerons plus volontiers le Citoyen.

On lui accordera une majuscule parce qu'il a fait, en France et partout où la question du droit de suffrage tourmentait les politiques, l'objet de toutes les attentions, et, dans une certaine mesure, d'une sorte de vénération. C'est le marché politique qui le construit, le façonne, le transforme et s'en débarrasse parfois lorsqu'il ne convient plus. Après une longue période de confusion sémantique, où on l'a (volontairement ?) confondu avec l'électeur, il s'en est détaché partiellement. La fin du XX^e siècle a été l'époque des « citoyennetés plurielles », et de leurs expressions par des gestes souvent extérieurs à la participation électorale. François Borella l'a finement étudiée en suivant le citoyen aux différents moments de sa vie quotidienne ; il ne s'exprime pas de la même manière qu'il soit usager des transports en commun, étudiant à l'université, membre d'un club sportif ou d'une société de pensée, ou locataire d'un HLM. C'est son insertion dans les groupes sociaux, analysée dans son contenu, ses formes, son intensité, qui fournit les contours de chaque citoyenneté que l'on peut situer sur une échelle allant au moins de la totale indifférence – peut-être plus : du rejet ? – à l'exclusivité.

Le vocabulaire traditionnel situait plutôt le citoyen dans son rapport à la politique, lui conférant un statut social dérogatoire du droit commun car privilégié qui se marque publiquement (notablement) par un droit d'accès à l'agora ou au forum. Cette conception d'inspiration organique plus que matérielle met directement la citoyenneté en contact avec le droit de vote. On dira simplement que si tout électeur est citoyen, tout citoyen n'est pas nécessairement électeur. En reprenant la métaphore consumériste, nous dirons alors que l'électeur est celui (ou celle) qui s'insère dans le marché politique avec l'intention de consommer ; il interpelle alors les fournisseurs d'offre, quitte à se retirer si aucun des produits proposés ne lui convient. Dans la traduction juridique du terme, c'est aux États-Unis qu'il est le plus correctement approché, défini comme un *électeur potentiel.* Il dispose des titres nécessaires pour voter mais n'en use pas, il reste en dehors du système électoral qu'il influence pourtant, dans la mesure où sa carence peut être politiquement considérée comme un refus d'intégration à l'ensemble du système social.

CHAPITRE I

# Le citoyen, électeur potentiel

Le droit électoral positif a ici du mal à se dépêtrer d'un certain nombre de contraintes d'origines diverses. La plus importante, dans les sociétés préindustrielles ou qui ont accédé au vote récemment, tient aux difficultés inhérentes à la confection d'un registre électoral. Certains groupes sociaux nomades échappent au recensement, volontairement ou non. Il peut s'agir alors de tribus sahariennes qui se déplacent le long des fleuves au gré des crues, sans souci des frontières et des contrôles éventuels d'identité. Mais il s'agissait aussi d'une partie de la population noire des États-Unis à l'époque de l'industrialisation et de l'exode hors du *Deep South* ; les *poll taxes* exigées de tout candidat à l'inscription sur la liste électorale avaient un effet dissuasif, tout comme les conditions de résidence exigées en France dans les années 1850, qui évinçaient la partie non sédentaire de la classe ouvrière. On n'oubliera pas non plus les conséquences des traumatismes démographiques : l'ethnocide et les déportations qui ont marqué l'histoire récente des Balkans ont posé la douloureuse question de la mise à jour – on devrait dire : de la reconfection – des listes électorales en des lieux où la population était en grande partie différente de ce qu'elle était avant le drame. Les questions ici soulevées ne sont pas simplement d'ordre comptable ou humanitaire, on verra qu'elles concernent très directement la légitimité des gouvernants.

Dans le monde occidental postindustriel et accoutumé à l'acte de vote, il s'agit de poser la question récurrente du caractère volontaire ou non de l'électorat. Dans la tradition du droit politique libéral, elle se traduit simplement en un débat théorique et passablement byzantin entre deux conceptions de la démocratie représentative, celle de l'électorat-droit et celle de l'électorat-fonction. Pour la première, selon la formule célèbre de Jean-Jacques Rousseau, la citoyenneté est « un droit que rien ne peut ôter » à ses titulaires, un produit de la nature (humaine). Libre à eux d'en user ou non. Pour la seconde, il s'agit d'une fonction conférée par la nation à certains de ses membres, particulièrement aptes à exprimer l'intérêt général parce que « plus égaux que les autres » par l'âge et la sagesse, la fortune, le savoir, la maîtrise et le sens du devenir collectif ; le droit de suffrage devient une véritable charge (fonction) publique qui doit être remplie par ceux qui en ont été jugés dignes.

En pratique, à notre connaissance, il n'existe pas de système polyarchique où l'inscription sur le registre d'électeurs soit obligatoire ; la règle est plutôt d'inciter les citoyens à manifester leur volonté civique par ce premier geste de participation mais de les laisser libres de leur décision. Primauté est accordée à la liberté individuelle. La contradiction entre les deux idéaux – participation ou autonomie – se traduit, en France, par une règle en apparence absurde : l'inscription sur la liste électorale est à la fois et contradictoirement obligatoire et volontaire – mais il en est de même en matière de fiscalité directe ! À ceci près qu'en matière électorale l'obligation n'est pas assortie de sanction. Elle est résumée aux articles L. 9 – « l'inscription sur les listes électorales est obligatoire » – et L. 11 – « sont inscrits sur la liste électorale, sur leur demande » – du Code électoral.

Ce système bâtard n'est pas satisfaisant, les partis législateurs ayant tout intérêt à provoquer l'inscription automatique, sur la liste, de citoyens qui ne la désirent pas, ceci pour des raisons très prosaïques : tout électeur inscrit est un votant potentiel et nous verrons que la fortune d'un parti est pour partie liée au nombre de suffrages qu'il obtient, donc à la participation électorale. Mais surtout, au bénéfice des « partis du système », grâce à une règle d'accès au second tour d'un scrutin majoritaire qui en réserve le privilège aux seuls candidats ayant obtenu un pourcentage minimal de suffrages calculés par rapport aux *électeurs inscrits* : un fort taux d'abstention élimine drastiquement les partis les plus faibles. En 1997, sous prétexte de provoquer un sursaut citoyen, la loi du 10 novembre a été promulguée pour lutter contre l'insouciance des jeunes gens qui accèdent à la majorité civique ; ils sont désormais, l'année où ils atteignent 18 ans, « sous réserve qu'ils remplissent les autres conditions prescrites par la loi », automatiquement inscrits « sur la liste électorale de leur domicile réel » (Code électoral, art. L. 11.1). L'intention affichée était de réduire de 30 % aux 10 % jugés incompressibles le nombre de jeunes non-inscrits par négligence ; elle fut à moitié réalisée d'emblée (fin 1997, 350 000 inscrits d'office sur une classe d'âge comprenant 730 000 individus environ) malgré des difficultés et des risques d'erreurs non négligeables. En 2001, on estimait à 51 % des nouveaux inscrits de 18 ans ceux qui l'avaient été sans l'avoir demandé. Mais les effets politiques de la mesure sont apparus en 2002 lorsque l'on a pu constater une forte augmentation du taux d'abstention, somme toute en partie involontaire, mais qu'on a pu imputer, sans doute à tort, à une désaffectation croissante des Français pour la chose publique. Un remède pire que le mal est aujourd'hui concocté par les entreprises politiques instituées, qui vise à l'inscription automatique de tous les citoyens négligents sur la base d'un recoupement de fichiers informatiques que le ministère de l'Intérieur assure être en mesure d'effectuer sans difficulté. Deux millions et demi de chalands potentiels que les partis aimeraient bien capter dans leurs filets.

Tout individu n'est pas un citoyen inscriptible. La course actuelle à l'enrôlement civique doit être observée dans une perspective historique qui la fait apparaître comme le terme d'une évolution non linéaire dans le sens d'un élargissement progressif du droit de suffrage. La librisphère électorale n'est pas passée sans soubresauts ni retours en arrière de la cooptation au suffrage universel ; au contraire, ce dernier a eu, et a encore, bien du mal à s'imposer. Malgré un discours politicien souvent insincère qui dissimule plus ou moins bien la réticence de la classe politique à investir au hasard. Partout, elle cherche à adapter la définition du corps électoral aux aléas de la conjoncture ; sous la pression des croyances démocratiques, elle légifère dans le sens de l'extension du droit de suffrage mais elle tient à maîtriser la définition même du corps électoral. Un bref mais nécessaire rappel historique en apporte la preuve.

## L'extension du droit de suffrage

On admet généralement que le principe du suffrage universel est adopté dans un État lorsqu'on y constate un lien automatique entre la personnalité juridique de l'individu – *homo constitutionalis* – et le droit de vote. On a souvent confondu d'ailleurs la lutte pour le suffrage universel et la conquête de la démocratie ; cette confusion amène à penser que l'extension du droit de suffrage s'est effectuée d'une façon linéaire, au fur et à mesure que s'implantaient les gouvernements démocratiques, de nouvelles catégories de citoyens étant progressivement orientées aux urnes.

La réalité est quelque peu différente. En effet, l'histoire des régimes politiques libéraux du XIX^e^ siècle montre que les modalités du droit de suffrage y ont été étroitement conditionnées par le rapport des forces politiques. Lorsque la bourgeoisie s'empare de l'appareil d'État, elle s'appuie sur un corps électoral assez vaste. Une fois le pouvoir conquis, elle referme les vannes en dressant des barrages devant le suffrage universel : ce n'est ensuite que progressivement que la classe ouvrière, « laissée aux portes de la cité », parvient à accéder à l'électorat ; cette promotion politique ne se fait parfois pas sans recours à la violence, et il faut parfois changer de régime politique pour obtenir une modification du système électoral : au Portugal, la Révolution de 1974 a plus que triplé le nombre des électeurs qui ne dépassait pas 1 800 000 à l'occasion des dernières élections législatives organisées en 1973 par le régime de Caetano.

En France, la limitation du droit de suffrage a été assurée traditionnellement par l'usage de deux freins : le cens et l'âge.

La période révolutionnaire et impériale traduit les tâtonnements d'un régime représentatif qui craint le peuple dans lequel il puise sa légitimité ; alors, quand on donne à un grand nombre d'individus le statut de citoyen – la majorité civique passe de 25 ans en 1791 à 21 ans à partir de l'an III –, on en limite la portée en instituant des élections à deux degrés ou des procédures de présentation qui soustraient en vérité tout pouvoir réel à l'électeur du premier degré.

La Restauration et la Monarchie de Juillet n'ont pas eu recours à ces artifices : les électeurs détenaient à ce moment un pouvoir effectif, mais on n'a pas hésité à réduire considérablement leur nombre, en identifiant la seule classe bourgeoise au corps électoral.

Michel-Henri Fabre explique comment le problème se posait en 1814 : « Les ultraroyalistes se prononçaient contre le cens électoral ; ils pensaient que les masses paysannes, alors majoritaires, voteraient monarchiste sous l'influence des grands propriétaires fonciers. Le calcul politique n'était pas mauvais : la Monarchie se serait appuyée sur l'immense force du suffrage universel. Au contraire, pour les ultraconservateurs, il fallait lier le droit de vote et la propriété de la terre. Seuls auraient voté les Français qui payaient l'impôt foncier. Cette thèse se fondait sur la constatation (exacte) que l'individu est conservateur dès qu'il est propriétaire d'un immeuble. Enfin, la thèse "libérale", soutenue par des gens tels que Guizot ou Royer-Collard, faisait valoir que l'électorat correspondait non pas à un droit subjectif des électeurs, mais à une fonction sociale que celle-ci, pour être bien remplie, exigeait un minimum de compétences et d'esprit conservateur, que ce minimum serait garanti par une certaine propriété, quelle qu'en fût la nature mobilière ou immobilière. Cette thèse, qui réservait la liberté politique aux riches, aux possédants, l'emporta. »

L'article 40 de la Charte constitutionnelle du 4 juin 1814 fixe alors à 30 ans la majorité civique et à 300 F annuels le cens électoral correspondant au montant de la contribution directe. Il faut alors rappeler qu'une femme de chambre gagnait 12 F par mois et que le kilogramme de pain se vendait 50 centimes ! Ce cens était alors très élevé et on ne s'étonnera pas du nombre très faible d'électeurs : 100 000 hommes sur une population de 30 millions d'individus. Cette « prime à la richesse » fut renforcée par la loi du 29 juin 1820 : il s'agit du système dit du double vote, qui accordait un second suffrage à ceux des électeurs qui payaient les contributions les plus fortes ; cet avantage concernait le quart supérieur du corps électoral. Une des ordonnances « scélérates » de 1830 supprimait le double vote qui avait fait l'objet de nombreuses critiques ;

mais, parallèlement, elle décidait que l'impôt des patentes n'entrerait plus en ligne de compte pour le calcul du cens électoral ; c'était priver du droit de vote une partie des commerçants, des membres des professions libérales et des industriels, c'est-à-dire des bourgeois libéraux, en réservant celui-ci aux propriétaires fonciers, ruraux dans leur majorité, qui soutenaient l'aristocratie conservatrice.

La Monarchie de Juillet, qui se situe dans une perspective libérale, ouvre légèrement les vannes : la majorité électorale est abaissée à 25 ans, le cens électoral tombe de 300 à 200 F, voire à 100 F pour certaines catégories de citoyens particulièrement méritants : les pensionnés militaires, les membres et les correspondants de l'Institut de France. Le nombre d'électeurs double mais reste insuffisant pour assurer l'assise populaire du régime : à la veille de la Révolution de 1848, on compte 241 000 électeurs. Mais ce nombre, fort restreint, montre bien que le pouvoir est littéralement capté par la haute et la moyenne bourgeoisie, le prolétariat ouvrier et les classes moyennes sont maintenus délibérément hors du processus représentatif. Aussi les critiques du régime orléaniste ne ménagent-elles pas le système électoral : à l'occasion de la campagne des banquets, sa réforme est réclamée, et l'on cite toujours volontiers le discours prononcé, le 18 janvier 1848, par Alexis de Tocqueville, stigmatisant l'égoïsme et l'indifférence de la bourgeoisie gouvernante. La Révolution a été provoquée par le refus de Louis-Philippe et de Guizot d'accroître le nombre des électeurs censitaires et de l'étendre à certaines « capacités ». Le décret du 5 mars 1848 établit le suffrage universel masculin et la majorité civique à 21 ans ; ces deux piliers de la citoyenneté ne seront jamais contestés par la suite.

En Grande-Bretagne, s'il n'a pas été nécessaire de faire une révolution pour parvenir au suffrage universel, l'extension du corps électoral a été plus lente qu'en France. On constate que la prise du pouvoir par la bourgeoisie s'est faite plus tôt. Le rétrécissement du corps électoral se manifeste avant le XVIIIe siècle, époque à laquelle le pouvoir échappe au roi pour passer aux mains d'une classe politique élue au Parlement par des élites sociales très restreintes. Ce n'est qu'en 1918 que le suffrage universel masculin y est établi pour tout individu majeur de 21 ans.

Une autre forme de suffrage censitaire a subsisté aux États-Unis jusqu'en 1964, qui était destinée à écarter les Noirs des bureaux de vote dans la plupart des États du Sud sous couvert de participation aux frais de fonctionnement du service public : l'exercice du droit de vote y était subordonné au paiement d'une petite taxe de un à deux dollars, appelée *poll tax*. Cette pratique est désormais interdite pour les élections fédérales par le 24e amendement à la Constitution, et le *Voting Rights Act* de 1965 étend cette interdiction à l'ensemble des élections. Les effets ont été immédiats : le pourcentage de Noirs inscrits sur les listes électorales dans les onze États du Sud est passé de 12 % en 1948 à 43 % en 1964 et à 62 % en 1980. Pour autant il reste tout de même inférieur à celui des électeurs blancs (80 % en 1980).

En définitive, on constate que les limitations traditionnelles du droit de suffrage aboutissaient à réserver celui-ci aux élites sociales ; les critères variaient : montant de l'impôt, montant d'un loyer, paiement d'une taxe spéciale. En abaissant d'abord, en supprimant ensuite ces conditions, on a pu appeler tous les citoyens à la fonction d'électeur.

Cela ne signifie pas que tous les individus habitant un État y soient citoyens.

CHAPITRE II

# L'extension et les restrictions contemporaines au droit de suffrage

À partir du moment où les constitutions adoptent le principe du suffrage universel, elles accordent le droit de vote au plus grand nombre possible d'individus. Cependant, la notion de citoyen reste imprégnée d'un contenu à caractère moral ou élitaire, et, pour cette raison, certaines catégories d'individus se voient privées du droit de vote ; c'est normal, car un suffrage totalement universel porterait en lui-même sa propre contradiction puisque sa logique poussée jusqu'à l'absurde impliquerait le vote des fous et des nourrissons. L'action du législateur dans ce domaine se justifie parfaitement ; elle garantit le suffrage universel contre lui-même.

Mais il ne faut pas croire pour autant que les restrictions contemporaines au droit de suffrage procèdent toujours de considérations purement juridiques ou morales ; le législateur, maître de la règle du jeu politique, peut exclure du champ, sous couvert d'immoralité, des personnes ou des groupes dont la présence lui semble particulièrement inopportune, voire dangereuse. Aujourd'hui, les exclusions tiennent à plusieurs types de paramètres.

## L'âge

Pendant longtemps, le discours progressiste a entretenu l'idée selon laquelle plus un régime est démocratique, plus la majorité civique y est basse ; c'est historiquement incontestable. Mais cette idée se heurte au « jeunisme », conservateur, qui explique que tant qu'ils vivent chez leurs parents, à la charge de ces derniers, les enfants ne disposent pas d'une autonomie suffisante de leur volonté pour entrer dans l'agora ; le vote est alors dit familial quand le père vote pour eux et ils n'acquièrent la citoyenneté que lorsqu'ils disposent d'un domicile personnel ou, pour plus de commodité bureaucratique, à un âge qui correspond le plus fréquemment à celui de la majorité civile. Celle-ci baisse régulièrement depuis le XXᵉ siècle, mais est restée longtemps figée à 21 ans, âge auquel le jeune homme entrait habituellement dans la vie active – en France, délivré du lycée et des obligations militaires. Après la Seconde Guerre mondiale, qui a mobilisé nombre d'adolescents, une évolution sociale générale atomise la cellule familiale dans les sociétés industrielles. Parallèlement, l'intégration politique de la citoyenneté devient un thème banal d'instruction civique et de campagne électorale. Le mur des 21 ans se fissure peu à peu : dans les États totalitaires, d'abord, dans les polyarchies chrétiennes réformées ensuite, catholiques enfin, la majorité électorale est abaissée à 18 ans. Parfois moins encore : 16 ans au Brésil, à Cuba, au Nicaragua. Quinze ans en Iran, là où, faute d'écoles, le bureau de vote est conçu comme un lieu d'éducation civique ou de récupération idéologique.

## Le sexe

Un chapitre jamais clos de l'histoire de l'électeur puisqu'il rebondit souvent dans sa suite naturelle qui est celle de l'éligibilité. Vieille comme l'agora, cette idée selon laquelle le champ d'action et d'autorité de la matrone ne dépasse pas les murs de la maison familiale où on lui concède volontiers une large part d'autorité. La division du travail social l'exclut de la vie de la cité dont elle ignore souvent les arcanes : *propter sexus infirmitatem et propter forensium rerum ignorantiam*. Le premier argument, celui que Créon oppose à Antigone, permet de dissimuler l'antiféminisme derrière la galanterie : la politique est un combat rude et parfois douteux, la femme n'y a pas sa place. Le second couvre la crainte d'un vote exercé sous l'influence du père, de l'époux, du patron ou du confesseur. Ce n'est qu'à partir de la fin du XIXe siècle que la citoyenneté vient récompenser la pionnière (en Nouvelle-Zélande ou au Wyoming), la veuve de guerre (en Belgique), le chef de famille ou d'entreprise, contribuable et suffragette, intégrée au monde du travail et de la revendication qui l'accompagne. En commençant par les élections locales et depuis les États où la religion réformée est dominante, irrésistiblement après les deux guerres mondiales, en 1918 et en 1945 – en 1944 en France –, la vague couvre progressivement la jurisphère. En Europe, le dernier bastion, suisse – le canton d'Appenzell-Rhodes-Intérieures –, a rendu les armes en 1990. Dans les pays de religion musulmane, les barrières cèdent – en Jordanie en 1989, en Algérie en 1991, mais aussi en Irak et en Iran – les unes après les autres. Au Koweit, on avait promis qu'elles céderaient en 2003 mais elles résistent encore. Posant alors le problème du vote féminin qui est celui de son autonomie par rapport à la pression familiale ou clanique.

### L'intelligence

L'argument antiféministe intégrait et intègre encore parfois l'analphabétisme qui a longtemps freiné l'intégration professionnelle et sociale de la femme. Il était également opposé aux mâles, à défaut de cens, dans les sociétés de type dualiste ou colonial pour maintenir hors du champ politique ceux dont le niveau de compétence était jugé insuffisant à partir d'un critère présumé non infamant. On l'utilisait habituellement, jusque dans les années cinquante, ici ou là, dans le sud des États-Unis, sous la forme de la « clause du grand-père », contraignant le nouvel électeur (noir) à lire, parfois à commenter la Constitution, ou dans les pays d'Amérique centrale ou latine, où l'illettrisme excluait une part importante de la population d'origine indienne, 20 % au Venezuela, 30 % au Chili, au risque d'aggraver le fracture ethnicosociale et d'aligner la lutte des races sur la lutte des classes. Aujourd'hui, quand il n'est plus nécessaire de lire pour comprendre le message politique radiodiffusé ou télévisé, l'argument est impertinent et l'exclusion pour analphabétisme ne concerne plus que certains individus juridiquement qualifiés d'incapables, placés sous tutelle en raison d'un état habituel de démence, de fureur ou d'imbécillité (Code électoral, art. L. 5). Mais les fous non interdits, les faibles d'esprit, les sourds-muets peuvent voter et la Cour de cassation a admis, dès 1851, que « l'idiotie flagrante est sans influence sur le droit de vote ».

### La dignité

Il s'agit d'une notion juridique à contenu moral assez imprécis pour être facilement manipulée par des politiques pervers ; elle permet en effet de retirer le droit de vote à certains individus considérés comme indignes, individuellement ou collectivement mis au ban de la société parce que leur opinion, « viciée par la turpitude, ne peut plus être prise en considération. Ces condamnés, en transgressant la loi, expression de la volonté générale, se sont mis en opposition déclarée, voire violente, avec la masse saine et valable du peuple dont ils sont eux-mêmes retranchés », écrit Marcel Prélot d'une plume quelque peu lyrique. Il s'agit plus précisément de la privation des droits civiques, peine susceptible d'être encourue à titre complémentaire ou principal pour certaines infractions particulièrement graves ou dirigées contre la chose publique – on peut songer au crime de lèse-nation et à sa contrepartie logique, le bannissement. Le droit positif évolue alors en fonction de la conjoncture politique plus que de principes intangibles. La France était sévère : l'article L. 5 du Code électoral, jusqu'en 1994, privait, à titre accessoire, de leurs droits électoraux, de plein droit et sans limitation de durée, les individus condamnés pour crime ou pour nombre de délits énumérés par des lois diverses, ainsi que les contumax. Depuis cette date, les articles L. 6 et L. 7 prévoient des incapacités temporaires qui doivent être autorisées par la loi et résulter d'un jugement ; ce dernier fixe leur durée, sauf quand il s'agit de certains manquements au devoir de probité commis par des personnes exerçant une fonction publique : l'incapacité est alors de cinq ans (art. L. 7, loi du 19 janvier 1995). Ailleurs, l'incapacité peut punir le comportement familial répréhensible (Belgique), la trahison (Allemagne, Irlande), etc. La difficulté est d'éviter la dérive politicienne de la sanction vers l'éviction non plus de criminels mais d'adversaires politiques qualifiés d'ennemis du régime et mis au ban de la nation. Parfois par un juge : c'était le cas des « indignes nationaux » en France en 1945. Parfois automatiquement en vertu de la Constitution : les propriétaires fonciers, les entrepreneurs capitalistes, les prêtres, les moines dans l'URSS de la dictature du prolétariat ; ou plus sûrement et évasivement du fait de la loi : en Hongrie, en 1954, le droit de vote était retiré « aux personnes se trouvant sous la surveillance de la police ».

Ces élagages juridiques cumulés peuvent alors aboutir à exclure de la citoyenneté des ensembles d'individus très importants, homogènes du point de vue social, ethnique, racial : les Tziganes et les Juifs en Allemagne hitlérienne, les Russes en Estonie, les Maoris en Nouvelle-Zélande, les Noirs aux États-Unis ou en Afrique du Sud, les Indiens en Amérique andine, etc. La règle *one man, one vote* souffre toujours d'exceptions.

**La nationalité**

Par un étrange caprice apparent de l'histoire, plus exactement par un effet naturel de cascade, l'ouverture sans cesse élargie du droit de suffrage pose en termes nouveaux la question de son acquisition par des catégories d'individus, immigrés installés, qui disposent de presque tous les droits du citoyen sauf... de la nationalité, soit parce qu'ils préfèrent conserver la leur, soit parce qu'ils n'ont pas encore rempli toutes les conditions nécessaires à son acquisition (en particulier une condition coutumière de délai de résidence continue).

Historiquement, on constate que l'universalisme des doctrines des droits de l'homme a escamoté le problème, sauf à lui donner une solution généreuse comme l'article 4 de la Constitution montagnarde de 1793 qui accorde la citoyenneté à tout étranger qui, « domicilié en France depuis une année, y vit de son travail, ou acquiert une propriété, ou épouse une Française, ou adopte un enfant, ou nourrit un vieillard... ou qui sera jugé par le Corps législatif avoir bien mérité de l'humanité ». L'essor des États-nations a ensuite renforcé l'imperméabilité des frontières-refuges derrière lesquelles s'abritent des citoyens jaloux de leurs droits, sauf à les partager parfois avec des ressortissants de territoires qu'ils ont colonisés et plus ou moins assimilés. Tout Portugais est électeur au Brésil et réciproquement ; il existe une citoyenneté élargie aux ressortissants des États du Commonwealth simplement soumise à des conditions de résidence.

L'indépendance recouvrée aboutit à des effets inverses : par la sécession, l'Estonie abroge sur son territoire la citoyenneté soviétique et retire le droit de vote en 1992 à tous ceux qui ne peuvent apporter la preuve qu'ils sont nationaux, citoyens par le *jus sanguinis*, soit près d'un tiers – russophone – de la population ; ils doivent subir un examen linguistique et d'éducation civique draconien.

Aujourd'hui, les mouvements migratoires de grande envergure, favorisés par la porosité de frontières dont la virtualité matérielle est devenue évidente, et leurs suites naturelles (métissage, communautarisme, tensions raciales) posent en termes parfois vifs la question des droits de l'homme situé et du contenu réel du *jus soli* : j'y suis, j'y vis – même difficilement – et je revendique le droit de participer à certaines formes de vie collective ainsi qu'à l'expression d'attentes collectives. On retrouve ici la notion déjà évoquée de citoyennetés plurielles que des normes nationales, donc globalisantes, ont du mal à distinguer dans la pluralité. Ce n'est que pédagogiquement qu'il est possible de rendre compte de deux courants inversés mais complémentaires :

1) L'éclatement d'un ensemble fédéral – en fait, ceux de l'URSS, de la Tchécoslovaquie et de l'ex-Yougoslavie dans les années quatre-vingt-dix – rejaillit sur la citoyenneté des habitants de chacune de ses composantes. Elle est ancrée sur la nationalité dans des conditions parfois particulièrement dramatiques : frontières et *jus soli* sont des enjeux politiques majeurs pour des sociétés pluri-ethniques, multiculturelles au sein desquelles les antagonismes séculaires ont été un temps occultés ou réduits par la dictature du parti unique ou de ses avatars. La transition démocratique requiert une définition de l'électeur à la

marge du champ juridique ; elle s'articule alors pour l'essentiel sur la nationalité, conférée par l'État-nation (que seule reconnaît la communauté internationale) à partir de frontières dont la réalité est parfois contestée. Sur ce socle mou, un droit positif vacillant tente de concilier l'État-nation et les droits des minorités ; l'échec a pour nom nettoyage ou épuration ethnique, formes particulièrement cyniques de mise à jour de la liste électorale et de remise en ordre du patchwork par le « minoricide ». À défaut, le recours au droit de la nationalité permet d'évincer les minoritaires sur la base de la langue – il en est ainsi en Croatie ou en Estonie – ou de l'exclusion de la double allégeance – en Lettonie, elle s'applique à une forte minorité de 30 % de russophones.

2) L'émergence d'ensembles régionaux construits sur le modèle fédéral tend à découper la citoyenneté horizontalement, par niveaux successifs d'expression : dans des conditions qui tiennent compte du principe de réciprocité, la citoyenneté locale est désormais assez largement ouverte à des non-nationaux résidents habituels et continus sur qui pèsent des obligations identiques à celles des nationaux, et dont on considère que leur participation, même symbolique, à la détermination des politiques de proximité immédiate est un facteur non négligeable d'intégration socioculturelle. Une sorte de précitoyenneté certainement préférable à la formule antérieure du stage. Tous les étrangers sont électeurs communaux en Suède, en Norvège, au Danemark et aux Pays-Bas ; depuis l'entrée en vigueur du traité de Maastricht, une citoyenneté européenne s'exerce dans les États membres de l'Union au bénéfice de ses ressortissants, pour les élections municipales et au Parlement de Strasbourg.

Mais chacun sait que le fédéralisme se construit aussi par délitement progressif de l'État, par ségrégation. Le terme est particulièrement adapté à des situations postcoloniales telles que la France les connaît actuellement dans ses possessions d'outre-mer. Le modèle horizontal peut sembler une solution évolutive puisqu'il consacre la distinction entre le local et le national, favorisant un consensus vers la transition pour les uns, ou de concession pour les autres. On imagine alors une « citoyenneté à géométrie variable » qui réserve la détermination des politiques locales à ceux qu'elles concernent plus précisément parce qu'ils sont enracinés dans le territoire. En Nouvelle-Calédonie, la question a été abordée avec une acuité particulière pour des raisons d'ordre historique et démogéographiques dérangeantes pour les principes d'unité de la République et de droit des peuples à disposer d'eux-mêmes. Ce dernier, interprété avec lucidité depuis 1988, prévoit que le devenir institutionnel et la détermination des politiques abandonnées à la compétence du territoire seraient confiés à un corps électoral enraciné dans l'archipel, soit par la naissance, soit par la permanence de la résidence. Depuis cette date, l'idée a fait son chemin, non sans quelques difficultés en raison des arrière-pensées des uns ou des autres face à des conjonctures démographiques incertaines. Sous la férule du Conseil constitutionnel, on se dirige aujourd'hui vers la formule originale du « corps électoral glissant » qui permet à tout citoyen français justifiant de dix ans de résidence continue sur le territoire d'obtenir son inscription sur la liste électorale provinciale. C'est un moyen terme entre les positions difficilement acceptables des partisans du tout ou rien : soit l'application stricte de l'article 3 C – tout citoyen français peut voter où que ce soit en France –, soit le gel du corps électoral dans la situation qui était la sienne au moment où l'option entre l'indépendance et le *statu quo* a été ouverte, en 1988.

Il faut aller plus loin dans l'observation et plus près de la métropole : le précédent calédonien a été récupéré par les acteurs des débats statutaires des départements d'outre-mer et de Corse : en Martinique ou en Guadeloupe, les politiques locales ne doivent-elles pas être déterminées par les seuls créoles qui vivent sur le territoire à l'exclusion des « métropolitains » – de passage – et, pourquoi pas après tout, des « négropolitains » émigrés dans l'Hexagone et qui ne reviennent au pays que pour leurs congés annuels ? Et ce qui serait envisagé aux Antilles peut-il se concevoir en Corse ? La réponse est affirmative, au niveau des symboles au moins : depuis quelques mois, les organisations nationalistes y vendent une carte d'identité corse, « première étape concrète dans la mise en route de la nation », qui peut être acquise par toute personne âgée de 17 ans révolus et « recevable à l'acquisition de la nationalité corse » soit par la naissance, soit par la filiation, par mariage ou concubinage, ou après dix ans de résidence dans l'île.

Le prolongement civique du droit de résidence est manifestement lié à la vague communautariste, à l'idée aujourd'hui répandue selon laquelle les solidarités renforcées par la proximité, le partage de valeurs éthiques, les croyances, l'ethnie structurent le lien social mieux que le statut juridique assis sur le « permis de séjour ». La citoyenneté est du ressort du vécu quotidien. Aussi les privilèges liés à la nationalité cèdent-ils progressivement devant l'idée d'intégration et d'enracinement : un immigré depuis quinze ans, qui occupe un emploi légal et rémunéré, qui parle et écrit français, qui respecte les lois, paie l'impôt et les cotisations sociales, ne peut-il invoquer le *jus soli* et participer, par son vote, aux élections locales, à la détermination et au contrôle des politiques de sa proximité personnelle ? Tel qui fait la loi – ou croit la faire – est moins disposé à se mettre hors la loi. Une nouvelle définition de la citoyenneté municipale est certainement pour bientôt.

CHAPITRE III

# Le comportement de l'électeur

En dehors des catégories juridiques qui ne donnent que des contours nécessairement imprécis d'un sujet de droit aussi arbitraire que l'usager du service public, le mineur commerçant, le père de famille ou la femme adultère, il convient ici d'aller plus loin et de compléter le portrait-robot de l'électeur par un éclairage sociologique qui, seul, permet de le situer dans le rôle d'acteur politique qu'il est appelé à remplir. Il s'agit alors de repérer les traits fondamentaux de son comportement conditionné par une série de variables traduites en contraintes émanant de l'environnement de l'acte de vote et qui l'imprègnent plus ou moins fortement.

Une sociologie marxiste élémentaire labellise l'électeur à partir de son statut social : ouvrier, fonctionnaire en France ; noir, blanc aux États-Unis ; juif, catholique ici ou là.

Plus fines, les analyses psychosociologiques situent l'électeur dans le marché politique conçu comme un espace d'échange de biens matériels, mais aussi de valeurs idéologiques (foirail : *forum*) et cherchent à dessiner le portrait d'un agent rationnel soumis à des pressions convergentes et/ou contradictoires, lointaines et immédiates. On retrouve alors la notion schumpeterienne d'entreprise politique, « espace curieux où le consommateur-client a bien du mal à se prononcer sur la qualité des produits ». Sur le marché électoral, il est évident que le citoyen est appelé à prendre des décisions de nature économique rationnellement élaborées en fonction de la nature et de l'intensité des profits qu'il peut espérer en tirer. Elles peuvent avoir un contenu fondamentalement participatif, communiel d'insertion sociale, d'acclamation collective, il s'y ajoute en tout cas l'espoir d'un gain. Que la décision de l'électeur soit alors d'investir ou de consommer importe moins peut-être que de repérer la configuration électorale dans laquelle il intervient et de mesurer le degré de son identification partisane, de son attachement, hérité et inconscient parfois, à l'une des familles, républicaine, démocrate ou indépendante. Si la pertinence de cette structure d'identification a pu être aujourd'hui nuancée – la loyauté partisane n'est plus en 2004 ce qu'elle était en 1956 –, le nouvel électeur américain reste toujours identifié à partir de cette matrice. Elle situe l'observation dans le champ des systèmes de partis, que privilégient les spécialistes en ingénierie électorale, et permet de repérer, pour mieux l'identifier, l'électeur mobilisé, captif, changeant, flottant, irrésolu, décontenancé, volatil, etc. Encore faut-il sans doute tenir compte de l'hypothèse de travail et s'interroger sur sa pertinence dans une société « technétronique » de communication de masse : la rationalité de l'acte de vote est-elle avérée ? Quelques pistes de recherche s'ouvrent alors vers l'électeur plus ou moins compétent selon son niveau d'intégration sociale, plus ou moins conditionné par les médias (le « télecteur » de J. Cazeneuve), plus ou moins décontenancé par la variété des enjeux et des règles du jeu que les entrepreneurs politiques adaptent à leurs offres en fonction de la dimension du marché et de la nature des enjeux.

C'est à vrai dire dans les synthèses à moyenne portée, articulées dans l'espace et dans le temps, que le sociologue a le plus de chances de repérer l'électeur. Il n'est pas interchangeable, importable, il est historiquement situé. L'électeur américain « en mutation » *(changing)* de Nie, Verba et Petrocik (1979) n'est pas le « nouvel électeur » français de Habert et Lancelot, alors même qu'ils affichent une commune tendance à la désaffiliation partisane. Le second présente des traits spécifiques qui distinguent très profondément son comportement de celui de son aîné de quinze ans : le nouvel électeur catholique ne vote plus spontanément d'abord à droite ; agnostique, il ne vote plus prioritairement pour la gauche. Il est particulièrement sensible aux variations de la conjoncture politique et à l'offre électorale : le modèle de l'élection-recensement qui s'articulait autour du portrait-robot figé du porteur de bulletin de vote s'estompe ; désormais non pas irrésolu mais écartelé et de plus en plus bombardé d'informations, il ajuste son achat – sa réponse – à la nature de l'offre. Et se détourne du marché – européen – quand il n'en a rien à espérer de tangible. S'il adapte désormais son geste électoral à l'état du marché, ce n'est pas par volatilité mais par expérience et rationalité. Alain Lancelot est dans le vrai quand il note : « Le règne du pragmatisme et de l'expérimentation se substitue à celui de la loyauté et de la fidélité. » et « Vous vous changez ? Changez de Kelton. »

# Deuxième partie

## Les vendeurs du marché électoral : les partis politiques

À l'évidence, aujourd'hui, l'offre émane des partis politiques et de l'ensemble des organisations qui gravitent autour d'eux. Parfois, les satellites influencent le centre avec une telle force qu'ils le remplacent : ainsi, souvent, l'armée en Amérique latine ou en Afrique noire, ainsi « le mur d'argent » comme on disait en Europe occidentale, au début du XXe siècle, les oligarques en Russie aujourd'hui. Mais le phénomène partisan demeure la règle partout où le recrutement des gouvernants s'effectue par l'élection. Maurice Duverger l'affirme avec force : « La naissance des partis est [...] liée à celles des groupes parlementaires et des comités électoraux. » Ils se sont progressivement emparés de l'offre politique qu'ils monopolisent désormais. Leur statut en est la garantie.

Les définitions des partis politiques sont sans doute aussi nombreuses que les auteurs qui les ont étudiés. On peut les classer en deux catégories essentielles.

Les définitions étymologiques mettent l'accent sur le fractionnement social que représente le « parti-partie », sur ce qui divise, en définissant le parti comme « un groupe de personnes opposées à d'autres par les opinions, les intérêts, etc. » (*Grand Larousse encyclopédique*, 1963) ou comme

« l'union de plusieurs personnes contre d'autres qui ont un intérêt, une opinion contraire » *(Littré)*. Le parti est alors un mode d'expression du pluralisme social.

Les définitions fonctionnelles mettent l'accent sur les fins poursuivies par les partis : le pouvoir. Ainsi, Raymond Aron : « l'organisation régulière et durable d'un certain nombre d'individus en vue de l'exercice du pouvoir ». Ou Anthony Downs : « une coalition d'hommes qui cherchent à prendre le contrôle, par des moyens légaux, de l'appareil du pouvoir ». Le parti est alors un instrument de la suprématie des gouvernants. C'est cette deuxième définition qui permet de dégager les critères permettant de distinguer un parti politique des autres associations ou groupements qui interviennent dans le marché politique.

1) Un critère de vocation : tout parti politique s'assigne pour tâche de recueillir les suffrages des électeurs en vue de conquérir le pouvoir. Par là, il se distingue des groupes de pression (syndicats, *lobbies*) qui ne cherchent qu'à influencer les titulaires du pouvoir. Par là, il se distingue aussi des ligues ou des milices, ou même des « prétoriens » qui ne se soumettent pas au verdict des électeurs mais assiègent le pouvoir et le conquièrent par la force.

On conçoit alors que cette vocation implique que le parti mobilise, forme les opinions, fabrique des programmes et des valeurs, sélectionne les individus capables de défendre ses idées devant l'électorat et de les exprimer dans les institutions représentatives : le parti fabrique des gouvernants.

2) Un critère d'organisation : une telle finalité suppose une organisation assez complexe, qui distingue les partis d'autres groupes à vocation politique comme les clubs ou les groupes parlementaires. L'organisation partisane doit posséder une certaine permanence dans le temps, sans laquelle elle ne serait que l'émanation des ambitions personnelles de ses dirigeants ; par ailleurs, elle doit être suffi-

samment étendue dans l'espace, présente au niveau local, pour prétendre exercer une influence à l'échelle de la collectivité tout entière.

3) Un critère doctrinal : toute organisation partisane suppose une communauté de pensée, une identité de vues entre ses membres sur la finalité de la lutte politique comme sur les moyens à mettre en œuvre. Cette dernière caractéristique distingue les partis d'associations (à but sportif, culturel, etc.) en principe ouvertes à des individus se réclamant d'idéologies très diverses.

Ainsi définis, les partis sont nés avec le gouvernement représentatif – à l'origine, le Parlement, c'est le lieu où l'on parle, où l'on échange des idées, des discours, c'est le lieu de la palabre – et avec la généralisation de l'élection comme mode légitime de désignation des représentants. Nés au sein du Parlement pour permettre à des élus d'opinions voisines de rendre leur action plus efficace, ou en dehors de lui, avec l'intention de s'y propulser, ils assument des rôles qui peuvent être décelés à partir de cette institution.

CHAPITRE I

# Les fonctions des partis

Elles ont évolué dans le temps au fur et à mesure qu'ils se sont mieux implantés dans le marché politique au point d'en devenir aujourd'hui les acteurs fondamentaux. Ils se diversifient.

On conçoit que, à l'origine, les partis aient eu pour fonction principale, et qu'ils conservent aujourd'hui, un rôle de créateurs d'idéologies. L'homogénéité sociale de la classe politique était incontestable et les cassures en son sein provenaient pour l'essentiel de divergences entre ses membres sur les fins de l'action politique et/ou les moyens de la mener : fédéralistes ou antifédéralistes, jacobins ou girondins, impérialistes ou nationalistes, etc. On y fabrique des programmes, on y rédige des projets, on y élabore des stratégies. On notera avec quelque nostalgie que certains partis, dits idéologiques, n'ont jamais pu aller plus loin que cette sympathique – utopique ? – fonction (le PSU ?).

Les candidats des partis ayant pour mission d'être les vecteurs des programmes qu'ils élaborent, la cooptation joue désormais un rôle primordial, voire exclusif, dans la classe politique. Les degrés de dépendance des candidats – et donc des élus – à l'égard des partis sont variables, mais la tendance générale et, semble-t-il, irréversible est à coup sûr celle de son renforcement. Une preuve : le droit politique s'en est emparé et, de plus en plus largement, réglemente la sélection des candidats à la candidature, les formes de l'aide apportée par le parti à ceux qu'il a investis : la loi essaie même de réaliser, autant que faire se peut, l'égalité des partis dans cette fonction électorale. Il s'agit alors d'un très vaste chapitre du droit électoral, sur lequel nous n'avons pas le loisir d'insister, qui intègre des développements relatifs aux modalités de la sélection : à qui faire appel ? Aux militants ? Aux sympathisants ? Aux électeurs ? Aux élus ? La pente actuelle est sans conteste dans le sens d'un élargissement du cercle de cooptation – aux États-Unis, le nombre d'États qui ont recours à des élections primaires va croissant. Et pose un problème qui tourmente aujourd'hui même les partis français à la recherche d'un candidat unique à l'élection présidentielle : l'appel aux électeurs peut-il demeurer dans les limites d'une opération extérieure au droit public ? Il est difficile de l'imaginer « en grandeur réelle » et significative.

En tout cas, on note que certains partis estiment que leur mission est satisfaite quand cette fonction électorale est assurée. Il s'agit des comités électoraux de la France de la IIIe République, qui ne prenaient vie que pour soutenir tel ou tel candidat et disparaissaient dès l'élection terminée. Il s'agit aussi des partis fantômes des démocraties socialistes d'Europe de l'Est, tels qu'ils exprimaient jusqu'à ces dernières années le *pluripartisme unanimitaire* : non-communistes de façade, mais agrariens, sociaux – voire chrétien-démocrates –, ils bénéficiaient d'un certain nombre de sièges au Parlement, fixé par la loi et garanti par la candidature unique (ainsi en était-il en Hongrie, en RDA et en Pologne). Leur existence, assez formelle, se limitait à cette fonction de désignation des élus.

CHAPITRE II

# Le statut des partis

La construction polyarchique de l'espace politique implique certains prérequis, parmi lesquels l'accès au pluralisme des opinions et de l'information et « le droit effectivement garanti à adhérer ou à créer des groupes autonomes, y compris des associations politiques, partis et groupes de pression, qui visent à influencer le gouvernement par la compétition électorale ou tous autres moyens pacifiques ». Elle implique alors naturellement l'encadrement juridique des partis.

Plusieurs questions importantes se posent alors, qui consacrent la primauté, peut-être le quasi-monopole, dont les partis disposent sur le marché électoral. On les focalisera autour de la structuration de la classe politique, conditionnée par la candidature. Il n' y a guère qu'à l'Académie française que l'élection dite « de maréchal » dispense son heureux bénéficiaire de procédures préalables, inutiles en l'occurrence puisque aléatoires. En règle générale, pour être élu il faut avoir été candidat. Cette vérité première doit alors être placée sous deux projecteurs complémentaires alimentés par le droit et la sociologie électoraux.

## Le droit électoral de la candidature

Il n'éclaire celle-ci que très partiellement. Né de pratiques antérieures à l'institutionnalisation du marché politique, il a évolué vers un objectif logique dans un principe : l'élu est électeur coopté par ses semblables. À l'origine, il était « plus égal que les autres », ce qui se marquait chez nous, à l'époque de la transition vers la démocratie bourgeoise, par la règle posée en 1791 : être propriétaire ou locataire d'un bien immobilier conséquent. Règle aggravée en 1814 – 1 000 francs de contribution directe – au point qu'on ne compte que 25 000 éligibles en 1829. Quand le suffrage devient universel, l'éligibilité le devient également sous réserve, quelque temps, de quelques conditions d'âge qui font sourire aujourd'hui.

### *L'éligibilité*

À cet instant, le paysage s'éclaircit : la candidature est conditionnée par l'éligibilité qui a pour socle unique la citoyenneté, sauf dispositions particulières : ainsi la présidence des États-Unis ou de la Côte-d'Ivoire est inaccessible aux citoyens naturalisés. Le droit électoral de l'éligibilité s'inspire d'une idée simple : plus le territoire sur lequel elle intervient est vaste, plus les conditions sont complexes et d'interprétation large pour celles qui ne résistent pas à la professionnalisation de la politique. Par exemple l'obligation de résidence qui ne résiste pas à la mobilité géographique des élites. L'emprise des partis croît avec l'ampleur du marché, comme le montrent l'histoire et le bon sens ; dans un espace jadis restreint et notabiliaire, il suffisait de se déclarer candidat, par voie d'affiche, de presse, de colportage ou de rumeur pour que cette intention soit socialement validée ou avorte. Le meilleur indicateur de notoriété n'est-il pas à tout prendre d'ordre réputationnel, véhiculé par le bouche à oreille ou provoqué par la promenade au marché ou l'apéritif offert au café ? La déclaration de candidature était verbale et concomitante à la campagne électorale. Ainsi en est-il encore de nos jours dans les petites communes à l'occasion des campagnes municipales. De plus en plus rarement, car cette image bucolique de l'élection s'efface irrésistiblement devant la montée en puissance des arbitrages bureaucratiques ou judiciaires de contestations rendues plus vives par la professionnalisation de la politique. La candidature devient créatrice de droits, parfois d'immunités et de privilèges susceptibles d'être mis en cause et donc dignes d'être juridiquement protégés. Si nous reprenons, cette fois-ci par en bas, les niveaux des enjeux, c'est pour constater l'accumulation progressive des formalités et des récépissés. Pour l'élection municipale dans les communes de moins de 2 500 habitants, la déclaration de candidature n'est pas obligatoire. Il en est de même jusqu'à 3 499 habitants, mais elle est recommandée pour obtenir l'aide publique à la propagande (art. L. 241 et L. 244). Au-dessus de 3 500 habitants, le recours au scrutin de listes bloquées implique (art. L. 265) la désignation par un mandat individuellement signé par tous les candidats de chaque liste d'une « personne ayant la qualité de responsable de la liste », qui sera seule habilitée par la suite à faire « toutes déclarations et démarches utiles » à l'enregistrement, à la fusion éventuelle de la liste et à obtenir le récépissé de l'autorité préfectorale. Ces déclarations doivent être effectuées dans de stricts délais permettant l'exercice de recours éventuels. Au conseil général, la déclaration de candidature est obligatoire, accompagnée de documents attestant l'éligibilité de son auteur (art. R. 109), et effectuée dans des délais de rigueur établis par arrêté préfectoral. Elle doit être enregistrée pour être valide. Aux élections régionales l'article L. 346 s'inspire de l'article L. 265, mais la liasse de documents épaissit et le formalisme croît : les refus d'enregistrement doivent être motivés, des délais de recours sont impératifs. Avec les élections au Parlement européen, la circonscription est interrégionale et l'enregistrement des candidatures est effectué au ministère de l'Intérieur avant publication au *Journal officiel.* Au niveau national et parlementaire interviennent par surcroît les dispositions relatives à l'application des articles 23 C et 25 C concernant les remplaçants éventuels des titulaires du mandat. Enfin quand il s'agit du président de la République, on retiendra que le réseau de contraintes juridiques préalable à la candidature, destiné à protéger la sincérité de l'opération, aboutit à ce qu'elle n'est pas *déclarée* mais *publiée* par le gouvernement à partir d'une liste établie par le Conseil constitutionnel sur la base de présentations extérieures au candidat qui doit simplement exprimer son consentement et remettre « sous pli scellé, une déclaration de situation patrimoniale conforme aux dispositions de l'article LO. 135.1 du Code électoral » (loi du 6 novembre 1962, art. 3, modifié ; on notera, avec l'humour de Léo Hamon, la formule « gaullâtre » : « exprimer son consentement » !). En particulier, le système de présentation (ou de parrainage) rendu plus strict à l'expérience afin de contenir le nombre des candidats effectifs dans les limites supportables. Rappelons-en l'évolution : aux origines, cent citoyens membres du Parlement, des conseils généraux ou mairies, dispersés dans dix départements au moins, adressaient librement une lettre de parrainage au Conseil constitutionnel qui en dressait une liste dont il assurait la confidentialité. En raison du nombre excessif de candidats – six au moins – sans véritable projet politique en 1974 et recommandés par le Conseil constitutionnel, une révision de la loi organique survenue en 1976 renforce le système des présentations : elles émanent désormais au minimum de cinq cents citoyens – au catalogue antérieur on ajoutera ensuite les conseillers régionaux – issus de trente départements ou territoires différents « sans que plus du dixième d'entre eux puissent être les élus d'un même département ou TOM ». Les formulaires de présentation, conformes à un modèle arrêté par le Conseil constitutionnel sont adressés par l'administration aux citoyens habilités qui, s'ils le jugent bon après certification de leur signature par le cachet de la mairie ou le bureau de l'assemblée, le retournent au Conseil constitutionnel dans des délais de rigueur. Par tirage au sort – car ils sont près de 40 000 – cinq cents noms de parrains de chaque candidat finalement agréé sont publiés au *Journal officiel*, les autres faisant l'objet d'un affichage dans les locaux du Conseil où ils peuvent être consultés. L'intention du législateur est saine : éviter les manœuvres obliques par lesquelles des élus de droite tentent d'affaiblir la gauche (républicaine) en parrainant des candidats d'extrême gauche (hors système), en s'abritant derrière l'anonymat de leur hypocrite soutien – la même manœuvre est à la portée des élus de gauche : affaiblir la droite en provoquant des candidatures d'extrême droite. Le résultat fut et demeure aujourd'hui la mainmise des partis politiques institués sur la cooptation des candidats. « Une chasse aux signatures qui nuit quelque peu à la dignité des chasseurs, parfois à celle de leur gibier », note Guy Carcassonne qui omet de nous conter comment, en 1980, le Parti socialiste contra une menace de candidature de Coluche. Les sondages le situaient à près de 15 % des intentions de vote majoritairement situées dans l'électorat potentiel d'un candidat socialiste. Aussitôt, le secrétariat du PS publia un communiqué signifiant à tous ses élus, sous peine d'être exclus du Parti, interdiction de soutenir la candidature du comique, candidat de la dérision, provoquant ainsi l'échec d'un coup médiatique inattendu et plein de risques pour la légitimité ultérieure de l'élection présidentielle au suffrage universel.

En 2002, le barrage céda, la course aux parrainages fut une première étape de la compétition, rendue plus haletante encore par le suspense soigneusement entretenu par les médias à propos des « petits » candidats. Parviendront-ils à attirer l'attention sur ces candidatures de témoignage qui s'étaient multipliées pour marquer le terrain ou disperser les suffrages d'un électorat très indécis dans ses choix programmatiques, d'autant que les programmes étaient politiquement fades. Trente-trois personnes se firent connaître ; seize candidats furent enregistrés par le Conseil constitutionnel qui, par leur multiplicité, pervertirent tous les pronostics des « politastrologues » et provoquèrent la dispersion des suffrages fatale au principal candidat de la gauche composite qui commit l'erreur majeure de ne mener campagne que contre son principal adversaire et d'oublier tous les autres, d'engager trop tôt un duel alors qu'il s'agissait de sortir d'abord de la mêlée.

La maîtrise des partis sur la candidature tend à se généraliser du fait de la présidentialisation du système politique, de l'usage croissant du scrutin de liste et des règles de financement des élections qui donnent à chaque scrutin l'aspect d'une opération d'investissement dont les retombées ne se mesurent pas uniquement en termes d'élus ; chaque vote compte et son appropriation par l'entreprise partisane devient pour elle une nécessité. On comprend alors que la partitocratie aménage le cadre juridique du partage des trophées qui se complexifie progressivement mais irrémédiablement. Non sans quelques difficultés parfois, comme on va le voir à propos de la mise en place, difficile et passablement chaotique, du *paritarisme dans la représentation* des sexes.

### *Le paritarisme*

Il s'agit d'un excellent exemple de l'exception française et du volontarisme politique maladroitement mis en œuvre. L'idée générale en est simple et saine : combattre le sexisme politique, séculaire et fortement ancré dans les mœurs de la fille aînée de l'Église. En posant un principe inscrit désormais à l'article 3 de la Constitution : « La loi favorise l'égal accès des femmes et des hommes aux mandats électoraux et aux fonctions électives. » Un indicatif interprété par le Conseil constitutionnel comme un incitatif – la loi doit essayer de favoriser... – qui se heurte à la force de la tradition machiste, déclinante mais encore très vive ici ou là. La classe politique a bien du mal à s'en dépêtrer.

Derrière une intention généreuse – réaliser l'homogénéité sociale de la nation en gommant les différences historiquement attachées au sexe – se dissimule parfois son absolu contraire : assurer l'égalité la plus formelle qui soit entre deux masses d'individus entre lesquelles rien d'autre que les lois insondables de la nature n'impose une égale répartition en deux camps strictement égaux, comme entre deux vases communicants. Une étonnante contradiction, intellectuellement pernicieuse : se compter en deux groupes à la limite antagonistes pour mieux se fondre dans l'unité. À partir d'une idée fausse dont les féministes les plus conséquentes ont bien compris la naïveté, on a construit en droit électoral des monuments d'hypocrisie intellectuelle et de ségrégation sexuelle dont la République française peut malencontreusement revendiquer le quasi-monopole sur la jurisphère. Il n'est pas inutile d'en résumer les principaux éléments.

1) À l'origine de la parité imposée, l'idée fausse selon laquelle l'institution représentative doit être une photographie en réduction du groupe qui l'élit ; celui-ci comptant, par hypothèse nationalement avérée par les statistiques de l'INSEE et de l'INED, (à peu près) autant d'hommes que de femmes, les candidatures doivent être aménagées de telle sorte que les élus reflètent cette parité. Notons tout de suite que, par principe, celle-ci ne peut s'imaginer dans le cas d'un scrutin uninominal qu'elle devrait exclure absolument.

2) Les modalités adoptées procèdent de l'idée d'alternance. Elles s'appliquent alors d'abord aux élections plurinominales, au scrutin de liste. Il est demandé aux responsables de leur confection d'alterner les candidatures masculines et féminines – la dérision n'est pas loin : on parle de liste « chabada » par référence au film célèbre de Claude Lelouch – afin que les élus soient successivement de l'un et de l'autre sexe. Mais encore faut-il que l'ordre des candidatures ainsi déterminé s'impose à l'électeur, que les listes soient « bloquées » ; c'est le cas pour les élections municipales, régionales et européennes ; ce ne l'est pas nécessairement pour les élections sénatoriales ; dans les départements où il n'y a que trois sièges à pourvoir, les candidatures peuvent être individuelles et les partis misogynes peuvent... les fractionner pour tourner la règle. Encore faut-il ainsi que « chabada » aille par couple ; pour l'heure – loi du 6 juin 2000 – il se conjugue par six ; aussi l'alternance et la parité jouent-elles moins quand le pluralisme limite le nombre de sièges effectivement convoitables par chacun des partis en compétition. Disons, pour faire court, qu'il ne s'agit en fin de compte que d'une parité limitée.

3) Encore faut-il pouvoir imposer le principe ; ou, au moins, en favoriser l'adoption par les entrepreneurs politiques, naturellement plus disposés à adhérer à l'opinion dominante qu'à la bousculer. Évelyne Pisier rappelle opportunément la maladresse des revendications féministes en France. En 1980, on imagina le barrage frileux des quotas que le Conseil constitutionnel récusa à juste raison dans une « grande décision » (du 18 novembre 1982) parce qu'il était contraire au principe constitutionnel d'indivisibilité du corps électoral. La parité fut alors conçue comme une demi-mesure – certains diront : un moindre mal – portée par des mesures incitatives et non plus coercitives, qui s'inspirèrent de la nouvelle rédaction de l'article 3 de la Constitution (Loi constitutionnelle du

8 juillet 1999) dans les termes qu'on a vus : « La loi favorise [...] ». L'article 4 confie cette tâche aux partis politiques qui se voient alors, du même coup, conférer un véritable monopole dans la cooptation des candidats à tous les mandats politiques et administratifs. Comme on ne pouvait pas contraindre mais simplement « favoriser », on a eu recours à l'appât alimentaire du gain, plus précisément la menace de sanctions telles que l'irrecevabilité de la liste pour les scrutins de liste et la réduction de l'aide publique pour les scrutins uninominaux grâce à une formule passablement ubuesque : lorsque l'écart entre le nombre des candidats de chaque sexe présentés par tel parti dépasse 2 % du nombre total de candidats qu'il présente, l'aide publique dont il bénéficie est diminuée de la moitié de cet écart (sic : « si un parti ne présente que 45 % de femmes, l'écart est donc de 10 points – 45/55 et son financement public est réduit de 5 % »). Appliquée pour la première fois à l'occasion des élections législatives de juin 2002, la règle a montré ses limites : les partis qui cherchent des fonds plutôt que des élus respectent la parité tandis que ceux qui visent d'abord des sièges à l'Assemblée n'en ont cure car ils savent qu'ils trouveront leur rétribution dans d'autres sources (que nous examinerons plus loin), lesquelles compensent, et très au-delà, le manque à gagner – que l'on peut apprécier, tout compte fait, comme une dépense d'investissement supplémentaire mais nécessaire ! Le nombre de députées passe de 62 à 67, soit respectivement 10,7 et 11,9 % de l'Assemblée. Un joli coup d'épée dans l'eau.

Que l'on aurait pu éviter si l'on avait eu recours à la mesure véritablement propice à la féminisation des assemblées politiques : la représentation proportionnelle. Là où elle sévit, les partis féministes aiguillonnent les électeurs réticents grâce au blocage des listes. C'est ainsi que la parité entre les sexes est presque réalisée au *Ryksdag* suédois sans autre contrainte que celle que les partis s'imposent à eux-mêmes et à leurs électeurs – qui peuvent y échapper grâce au pluralisme. À preuve : aux élections sénatoriales de septembre 2001, là où la loi sur la parité s'appliquait (au scrutin proportionnel), la progression a été de 20,3 % – on est passé de 5 à 20 élues sur un total de 74 sièges ; au scrutin majoritaire – 28 sièges à pourvoir – le nombre de sénatrices n'a pas bougé : 2 élues sur 28. « L'acharnement constitutionnaliste » (Évelyne Pisier) doit se plier aux lois naturellement lentes de l'évolution des mœurs. Une dernière preuve a été apportée, il y a peu, à l'occasion de la réforme du mode d'élection des sénateurs : on a diminué le nombre des départements où ils sont élus à la représentation proportionnelle (RP) et où la règle de la parité s'applique. L'opposition et, semble-t-il, l'Élysée y ont vu une atteinte à la représentation féminine. Le Conseil constitutionnel ne s'est pas senti en droit de la sanctionner, tant il est vrai que les trains de sénateurs vont rarement plus vite que la musique !

## L'environnement politique de la candidature

Il varie naturellement en fonction de la localisation de l'urne et il ne saurait être question ici de repérer toutes les contraintes, chaque fois différentes dans le temps et dans l'espace, qui conditionnent des actes de vote tous caractérisés par leur singularité. Tout au plus peut-on dégager quelques constantes perceptibles dans les systèmes politiques d'aujourd'hui imprégnés d'une forte tradition polyarchique. Leur trait commun nous semble devoir être trouvé dans un ensemble de technologies que l'on inscrit depuis peu sous l'étiquette d'américanisation de la politique : *electioneering*. On peut les résumer en quatre propositions :

*La candidature doit être agréée.*

Ross Perot, candidat hors parti à l'élection présidentielle américaine de 1992, est l'exception exemplaire – il obtient près de 20 % des suffrages – à la règle désormais ancrée partout en polyarchie selon laquelle, faisant l'élection, les partis politiques font les candidats. C'est une fonction qu'ils tiennent de leur vocation à recueillir les suffrages des électeurs en vue de conquérir le pouvoir. La sélection des individus chargés de porter leurs valeurs et leurs programmes n'est qu'une phase obligatoire de ce processus. Ajoutons que, du point de vue professionnel de la politique, elle n'est qu'une phase obligatoire d'un cursus, d'une carrière. La contrainte est d'une telle rigueur que tel qui ne trouve pas de parti qui lui convienne – ou à qui il convienne – doit en créer ou en acheter un (James Goldschmidt, Bernard Tapie ou Silvio Berlusconi) ; et dans les systèmes « en transition démocratique », l'ingénierie politique considère comme prioritaire la construction d'un système de partis apte à canaliser les attentes et à enfanter une nouvelle classe politique. Quitte d'ailleurs à récupérer les anciens appareils et les anciens permanents, « relookés », et à les replacer sur le marché sous de nouvelles étiquettes, comme on l'a vu dans nombre de pays d'Europe de l'Est après 1989.

Cet adoubement du candidat peut prendre des formes variées qui ne se traduisent pas nécessairement par l'octroi d'un titre juridique susceptible d'être invoqué *erga omnes* ; il peut s'agir de la lettre de soutien – « qui n'engage que celui qui la lit » – ou de la présence au meeting d'ouverture de la campagne électorale du candidat de quelques caciques du parti – une allocution de leur part sera bienvenue – ou, plus simplement encore, de la décision de ne pas présenter de candidat contre lui qui réalise ainsi une investiture par défaut ; les formes positives sont toutes aussi variées et on les rassemblera dans la mise à disposition de la signalétique et de la symbolique du parti : du bonnet phrygien accordé aux candidats du Front républicain par *L'Express* en 1956 aux flammes tricolores revendiquées par les frères devenus ennemis du Front et du Mouvement national en 1999. À un niveau supérieur, c'est le concours assuré de l'appareil bureaucratique et militant : claque, colleurs d'affiches, organisation des meetings, du *mailing*, des relations avec les médias. Enfin, c'est le financement de la campagne du candidat qui le place véritablement dans la position quasi contractuelle de préposé du parti. Il devient alors difficile de déterminer ce qui, dans cette relation, ressortit au droit privé et ce qui est du domaine du droit public. Le mandat public conféré à l'élu par le suffrage évacue-t-il tous les liens antérieurs entre le candidat et le parti ? En droit, on peut le plaider ; dans une stratégie carriériste, certainement pas tant il est évident que la candidature est un moment privilégié de la carrière de l'agent politique. L'investiture-adoubement consacre le passage d'un statut de damoiseau (de compagnon, d'apprenti) à celui de chevalier (de maître, de cadre), l'entrée dans le cercle restreint des initiés, des fidèles. Qu'elle soit couronnée de succès et elle peut conférer un droit acquis au renouvellement *ad nutum* au moins de son titulaire dans une structure hiérarchique plus ou moins diffuse lui conférant des billets d'entrée dans les processus de cooptation susceptibles d'être monnayés. De ce point de vue, le statut de « tête de liste » dans des scrutins plurinominaux est un atout de premier ordre, de même que le cumul possible des mandats, au bénéfice des nantis, candidats à la candidature à partir d'un fief dont ils revendiquent simplement l'élargissement ou le prolongement.

Auprès de qui ? L'agrément est accordé ou refusé dans des conditions variables, au cas par cas, par les instances compétentes, c'est-à-dire, aujourd'hui, légitimes aux yeux des électeurs appelés à ratifier le choix proposé par le parti.

Sous l'influence croissante des manipulateurs d'opinion, le cercle s'élargit : du comité électoral de la IIIe République, on passe insensiblement au *caucus* nord-américain, aux formes centralisées ou déconcentrées d'investitures nationalement ou localement conférées par les appareils partisans. Parfois, mais rarement encore, à des procédures préélectorales qui font appel aux suffrages des militants ou sympathisants, voire aux électeurs du parti (élections primaires, fermées ou ouvertes). Celles-ci présentent l'avantage de mieux adapter la candidature aux attentes de celles et ceux qui diront en fin de compte le dernier mot ; elles ont l'inconvénient de déléguer une part de pouvoir de nomination à des éléments extérieurs, sondocrates et autres manipulateurs d'opinion que les militants méprisent d'autant plus fortement que le recours à leur savoir-faire est indispensable. La solution optimale consiste certainement à sortir des complots et compromettre le maximum de soutiens internes, voire extérieurs, au parti dans un grand tapage médiatique. C'est certainement la fonction essentielle des élections primaires qui mobilisent beaucoup plus qu'elles ne départagent des candidats à la candidature inégalement placés sur la ligne de départ. En France, où le premier tour d'une élection présidentielle à deux tours tient lieu de primaire, la bonne solution semble avoir été trouvée par le Parti socialiste en 1995 : ce sont les adhérents du parti, à jour de leur cotisation, qui ont départagé MM. Emmanuelli et Jospin, candidats à la candidature. Ils ont été convoqués à voter dans le local de chaque section le vendredi 3 février entre 17 et 22 heures. Après dépouillement, des délégations départementales se sont rendues à Paris, porteuses de mandats proportionnellement au nombre de voix obtenues par chaque candidat, et le 5 février, par 66 % des mandats, M. Jospin était investi par un congrès extraordinaire. Un schéma de primaire américaine fermée, reconduit en 2002, certainement préférable aux conciliabules qui avaient amené les dirigeants du Parti communiste à désigner en 1988, à huis presque clos, M. André Lajoinie, militant exemplaire mais d'un charisme peu évident ; la mercatique (en franglais dans le texte ; avant un arrêté interministériel du 18 février 1987, on était autorisé à écrire *marketing*) politique a parfois des lois déconcertantes pour le militantisme.

*La candidature doit être financée.*

Le monopole – parfois légal, comme c'est le cas au Brésil – des partis politiques sur le marché électoral est renforcé, aujourd'hui, par la réglementation du financement des élections. On sait qu'elle est destinée à moraliser la vie publique et à réduire, autant que faire se peut, l'inégalité de fait entre les candidats face au scrutin : en principe égaux, mais confrontés dans un marché où certains sont plus égaux que les autres parce qu'ils bénéficient de l'aide jamais totalement désintéressée de *fat cats*, d'entreprises, de groupes d'intérêt, d'églises ou de sectes qui se placent ainsi au sein ou en bordure des officines du pouvoir. Et, aux États-Unis, une règle non écrite des élections congressionnelles veut que la victoire sourit, dans 85 % des cas, aux candidats les plus dépensiers. Quand on sait le coût d'un siège guigné – en 1994, un certain Michael Huffington dépense 29 millions de dollars américains sur sa fortune personnelle pour ne pas gagner un mandat de représentant de la Californie (il en avait déjà dépensé 5,4 millions en 1990) – mais pas toujours conquis, on comprend que la dérive ploutocratique du suffrage universel doive être maîtrisée. Les règles de financement sont complexes et en perpétuel changement parce que contournées en permanence comme le droit fiscal ! On en retiendra simplement ici les contraintes qu'elles font peser sur la candidature :

Toute campagne électorale est onéreuse et doit être analysée comme une opération d'investissement, de la part du candidat, mais aussi de ses soutiens. Toute candidature est onéreuse, mais à des degrés différents selon l'objectif qu'elle poursuit : marquer le terrain, figurer, préparer l'avenir, contrer l'adversaire, gagner. Les stratégies mercatiques varient selon les cas, de même que le montant des investissements.

Le budget de la candidature est tributaire de l'objet qu'elle poursuit, mais aussi de règles juridiques précises qui peuvent en plafonner les dépenses. Ainsi, pour l'élection présidentielle ou parlementaire française et/ou quand ces règles organisent un système d'aide publique, on conditionne le versement au résultat obtenu par la candidature – « le jeu en vaut-il la chandelle ? » –, ce qui peut fragiliser mortellement un parti naissant, endetté, en faillite.

L'obligation, générale aujourd'hui en France, de remettre un compte de campagne, et sa sanction en cas d'infraction : l'inéligibilité de son titulaire se résume en une exclusion du marché, qui est une forme d'interdiction professionnelle.

La publicité des soutiens financiers, le souci croissant d'en exclure des entreprises qui vivent de la commande publique rendent plus délicate la collecte des aides à la candidature ou la négociation de prêts bancaires. En tout cas, l'équipe qui entoure le(s) candidat(s) est totalement sous la coupe de ses comptables professionnels qui scandent la campagne en fonction d'un suivi budgétaire quotidien.

*La candidature doit être adaptée.*

Disons, plus précisément, qu'elle doit être *justifiée* ; le romantisme polyarchique fait la part belle au rêveur sympathique qui, tel Pierrette, se rendrait au marché électoral en chantonnant : « Pourquoi pas moi ? Bien posé sur un coussinet, j'ai sur la tête un programme, un projet, je cause bien, on m'aime bien, et... la passion qui m'étreint est telle que je veux faire don de ma personne à... (l'Université, la ville d'Aurillac, la Guadeloupe, la République, pourquoi pas ?) » Plus prosaïque, celui qui vise à s'abriter derrière le statut d'éternel candidat pour échapper momentanément à certains statuts désagréables – en Grande-Bretagne, celui de conscrit, en France, traditionnellement celui de failli, aujourd'hui parfois celui de mis en examen.

Sérieusement, dans une opération désormais pilotée par des partis nationaux, la candidature s'insère dans une stratégie d'investissement qui dépasse souvent son objet localement situé ; au Canada, le cas du Bloc Québécois, qui ne présente de candidats qu'au Québec pour l'élection fédérale, marque bien sa vocation souverainiste... et québécoise. Il est une exception à la règle générale selon laquelle les partis nationaux doivent envahir l'espace public national sauf à dépérir – la mort prochaine est programmée pour le Mouvement national de Bruno Mégret, réfugié dans trois villes de Provence, ou le PCF, dont les « villages gaulois » disparaissent les uns après les autres et dont le PS ne prolonge l'agonie que pour élargir l'éventail de sa clientèle.

Tout dépend alors de l'enjeu qui promet de distinguer la candidature de figuration, la candidature de témoignage, la candidature d'exclusion, la candidature de rassemblement... et la candidature effective (« un seul but, la victoire ! »). La posture dans la file dépend de plusieurs facteurs, dont le mode de scrutin, uninominal ou plurinominal, qui détermine le nombre des vainqueurs – chez nous, entre un (« élysible ») et 209 (conseillers régionaux en Île-de-France) –, et aussi les lois éventuelles sur la parité, l'investissement personnel (au Front national, aux élections européennes, on achetait son rang dans la liste), et d'un facteur aujourd'hui déterminant : la notoriété. Elle doit être intégrée dans une notion plus vaste, difficile à définir simplement. Il s'agit à la fois de crédibilité, de confiance, de charisme, de tout ce qui fait que « Besancenot (ou Taubira, ou Chevènement, peu importe) j'y crois j'ai confiance, j'aime bien » (*« I like Ike ! »*, premier slogan affectif d'une campagne moderne, aux États-Unis, en 1952). Parlons alors d'attraction ou d'adhésion – *« la campagne doit être attractive »*. Toute une technologie faisant appel à la mercatique se met alors en place, au risque, nous le verrons plus loin, de pervertir le système électif qui devient progressivement « télécratique ».

*La candidature doit être sponsorisée.*

« Supportée », au sens anglo-saxon du terme, c'est-à-dire bénéficiaire de soutiens. L'ingénierie électorale intègre, sous ce terme, l'aide classique et connue des militants et des sympathisants – « l'armée de ceux qui me soutiennent » (de Gaulle, 1969) – mais aussi et surtout, aujourd'hui, celle tout aussi, sinon plus, efficace des entreprises de toute nature qui convergent en direction du parti vendeur parce qu'elles participent à la confection du produit, à sa promotion, à sa distribution. En s'abandonnant quelque peu à la mode du néologisme après les inventeurs de « l'américanisation » de la politique, on est tenté de les repérer dans trois catégories d'entreprises en synergie sur le marché électoral : ploutocratiques quand elles mobilisent les ressources financières, sondocratiques quand elles rendent compte de l'état du marché et des besoins à satisfaire, médiacratiques quand elles promeuvent le produit et agrègent autour de lui les attentes de l'électorat. Elles sont en permanence en contact avec les partis politiques, juridiquement – pas toujours seulement – habilités à livrer les candidats à l'électeur-consommateur.

En réduisant, pour l'instant, la sponsorisation à l'essentiel, on retrouve sans déplaisir, parce qu'elle est simple à formuler et facile à vérifier, « l'équation des présidentiables » d'Olivier Duhamel et Jérôme Jaffré, qui peut s'accrocher à tous les candidats à la candidature. Les éléments en sont très simples : « E = N + O + P + X », à savoir :

« l'Éligibilité – nous écrirons plus volontiers : "l'Élysibilité" – exige une réelle Notoriété, différente de la notabilité de naguère, à contenu social, une popularité dans l'Opinion publique, le soutien d'un grand Parti politique central et une capacité reconnue d'homme d'État (X, des quatre la condition qui se laisse le moins appréhender) ». En fait, cette dernière est pour partie d'ordre réputationnel, mesurable et régulièrement mesurée par des sondages d'opinion qui situent les élysibles sur des baromètres de confiance ou de défiance dont la lecture – donc la publicité – permet de façonner l'image.

Certes, un observateur malicieux relèvera que lorsqu'ils sont passés de la théorie à la pratique, et de la politologie à la « politastrologie », en avril 2002 plus précisément, nos deux amis ont pu constater qu'effectivement la variable X peut réserver à ceux qui cherchent à la maîtriser de douloureuses surprises !

CHAPITRE III

# Les partis dans le système politique

À ce dernier niveau apparaît la fonction de représentation des gouvernés que les partis assurent différemment selon leur nombre et leur place dans l'institution représentative. On aura l'occasion d'analyser plus loin en détail les différents modes de scrutin utilisés pour départager les donneurs d'offre électorale ; mais chacun sait presque intuitivement que les scrutins majoritaires en limitent le nombre alors que les scrutins proportionnels en favorisent l'effervescence. Quand ils analysent la classe politique, les sociologues sont condamnés à reprendre les spéculations des constitutionnalistes sur lesquelles Auguste Comte projetait son mépris de polytechnicien. « Les modes de scrutin, scrutin majoritaire ou scrutin proportionnel, peuvent, en certaines circonstances, faire la différence entre gouvernements instables » (Aron). Si nous appelons Maurice Duverger à la rescousse, ce sera pour aller encore plus loin dans l'hypothèse d'une liaison naturelle entre la classe politique et le système électoral qui l'irrigue, dont elle est inséparable. On peut même considérer, sans doute, qu'il la crée. La preuve en est donnée par la pratique. Dans les années cinquante, les observateurs critiques des décolonisations africaines souriaient avec indulgence devant la condition *sine qua non* imposée par la Couronne à l'indépendance du

Ghana. On amènera l'*Union Jack* lorsqu'il existera un parti d'opposition susceptible d'assurer une alternance au pouvoir. N'Krumah accepta la règle pour vite la tourner par un système de parti dominant. Dans les années quatre-vingt-dix, à l'heure des transitions démocratiques, en Afrique à nouveau mais surtout en Europe de l'Est, on a vu les spécialistes en ingénierie institutionnelle, venus d'Occident, construire littéralement des systèmes de partis dans les polyarchies naissantes à l'aide de lois électorales adaptées à chaque étape de la mutation du système politique : dans un premier temps, une élection de type référendaire, à la RP intégrale, permet de se débarrasser du pluripartisme unanimitaire de l'État socialiste. Dans un deuxième temps, on cherche à instaurer un modèle de gouvernance semi-présidentiel combinant l'unité du pouvoir d'impulsion et la réalité pluraliste du pouvoir de contrôle ; à cette occasion, il est clair que « les plus importants des choix constitutionnels à effectuer dans les démocraties sont celui du système électoral et celui des relations entre... le modèle parlementaire et le modèle présidentiel ». Dans une dernière étape, une fois assuré le socle du pluralisme, on cherche à peaufiner l'alternance par l'évacuation du « pluralisme optimisé » au bénéfice d'un dualisme parfois artificiel.

Tant il est vrai que l'interaction entre systèmes électoraux et systèmes de partis n'est pas univoque. L'échange permanent que réalise le marché électoral s'exprime dans la structuration du système de partis dans une perspective au moins : celle de l'agencement du pluralisme.

Cette question classique depuis l'énoncé par Maurice Duverger de ses célèbres « lois sociologiques » trouve aujourd'hui un regain d'actualité en Europe occidentale où l'on constate, depuis peu, la montée en puissance de partis antisystèmes, qualifiés de « populistes » et considérés comme autant de menaces pour le système polyarchique. Or, dans la grande majorité de ces pays, l'élection proportionnelle assortie d'un seuil d'éligibilité est la règle et interpelle l'ingénierie électorale de façon récurrente sur l'incidence des systèmes électoraux – spécialement les modes de scrutin –, sur la représentation, le nombre et la structure des partis politiques.

## La représentation des partis

Le premier objectif d'une loi électorale est de permettre aux élus de représenter les électeurs. Le suffrage universel ne serait qu'un concept inutile si, par les systèmes électoraux, une partie de l'électorat était exclue du jeu politique. La fidélité électorale ne doit d'ailleurs pas se concevoir au sens juridique du terme, le mandataire élu exécutant les ordres du mandant-électeur. La représentation doit donc s'entendre au sens sociologique : l'élection doit permettre aux élus de traduire toutes les attentes des électeurs sans aucune ségrégation. Or, cette fidélité de la représentation de toutes les tendances varie, pour des raisons mathématiques, avec les modes de scrutin. La représentation est parfaite quand le rapport entre le pourcentage de voix obtenu par un parti et le pourcentage de sièges gagné par le même parti est égal à un. Si le rapport est supérieur à l'unité, le parti est surreprésenté. Si le rapport est inférieur à un, le parti est sous-représenté. Quels sont les effets mécaniques des principaux modes de scrutin sur cet indice de fidélité ?

La représentation proportionnelle est le mode de scrutin qui a été réclamé au nom de la justice dans la représentation ; mais ses aménagements ne sont pas sans effet sur la fidélité dans la représentation.

On doit noter, d'abord, l'incidence non négligeable du découpage électoral dans le cas de la RP approchée : moins il y a de sièges à pourvoir, plus il y a de suffrages perdus ; un seuil automatique d'éligibilité sanctionne le parti le plus faible (*cf.* fig. 1). Ajoutons que la répartition des restes à la plus forte moyenne, selon la méthode d'Hondt, avantage mécaniquement les partis qui ont obtenu le plus de suffrages dans les différentes circonscriptions, c'est-à-dire généralement les grands partis.

| Nombre de sièges à pourvoir | Parti A (45 %) | Parti B (35 %) | Parti C (20 %) |
|---|---|---|---|
| 1 | 100 | | |
| 2 | 50 | 50 | |
| 3 | 66,6 | 33,3 | |
| 4 | 50 | 25 | 25 |
| 5 | 40 | 40 | 20 |
| 7 | 42,8 | 42,8 | 14,3 |
| 9 | 44,4 | 33,3 | 22 |
| 15 | 46,6 | 33,3 | 20 |
| 32 | 46,8 | 34,4 | 15 |

*Fig. 1.* Distribution des sièges (méthode d'Hondt) dans des circonscriptions de tailles différentes.

Il en était ainsi en Norvège entre 1919 et l'adoption de la méthode de Sainte-Laguë : le Parti travailliste y fut surreprésenté d'une dizaine de sièges en moyenne (sur les 150 que comportait le *Storting*) au détriment des partis communiste et chrétien-populaire. De même en France, aux élections à l'Assemblée constituante de 1945, les trois grands partis, communiste, socialiste et MRP, étaient surreprésentés d'environ 15 %. Comme cette surreprésentation des uns doit obligatoirement être compensée par une sous-représentation des autres, en l'occurrence ce furent les petits partis, Jeune République, UDSR, radicaux, qui furent défavorisés par le mode de scrutin. Il en est de même, aujourd'hui, au Portugal et en Espagne : les partis les plus puissants y sont surreprésentés, au détriment de ceux dont l'implantation est moins homogène.

L'attribution des sièges au plus fort reste provoque le phénomène inverse : les petits partis sont surreprésentés au détriment des grands. Raison pour laquelle le PCF aujourd'hui moribond en réclame les bienfaits alors qu'il la vilipendait dans les années cinquante.

Mais la représentation proportionnelle ne photographie pas seulement l'opinion, elle accentue la portée des mouvements d'opinion. En effet, l'apparition de tout nouveau parti est favorisée par un mode de scrutin qui permet à l'électeur de ne pas avoir le sentiment de perdre son bulletin. Dans l'Allemagne de Weimar, par exemple, le communisme a connu un développement beaucoup plus rapide qu'en France où son essor fut freiné par le scrutin majoritaire. Le MRP s'implanta en France à la Libération, alors que tout mouvement confessionnel avait jusqu'alors échoué. C'est également à la représentation proportionnelle que l'on peut imputer la brusque apparition du mouvement Poujade à l'Assemblée nationale élue en 1956 et du Front national à l'Assemblée issue du scrutin du 16 mars 1986. Il faut également préciser que, non contente de consacrer la naissance de mouvements nouveaux, la représentation proportionnelle leur permet de se développer pour aboutir quelquefois à des catastrophes : la montée du fascisme et du national-socialisme entre 1922 et 1933 en est l'exemple le plus connu.

L'indice de fidélité dans la représentation est plus éloigné de l'unité quand on a recours au scrutin majoritaire à deux tours. La mesure des inégalités est, d'ailleurs, assez délicate, car on doit tenir compte des voix obtenues par chaque parti au premier tour et des sièges répartis entre les partis au second tour. Le décalage est d'autant plus grand qu'il y a moins de forces politiques en présence.

Ainsi, aux élections de 1936, le Front populaire (communistes, socialistes et radicaux), avec 5 562 073 suffrages, obtient 368 sièges ; le Front national, avec 4 109 573 suffrages, ne se voit octroyer que 230 sièges. En 1993, la victoire de l'UPF (Union pour la France, droite) se traduit en une « chambre introuvable » : 44 % des suffrages, 84 % des sièges.

Le scrutin majoritaire à deux tours est le scrutin des grandes coalitions favorables aux partis du centre, car le ballottage est hostile aux innovations. L'exemple du Parti communiste est frappant : tant qu'il refuse toute composition et maintient des candidats au second tour, il est écrasé. Ce n'est qu'en acceptant l'alliance avec les autres partis du Front populaire qu'il arrive à s'affirmer, mais il perd alors toute originalité. Le sort des mouvements écologistes et du Front national aujourd'hui est tout aussi significatif : s'ils maintiennent leurs candidats au second tour – à condition de le pouvoir –, ils sont battus ; s'ils se fondent dans la majorité ou l'opposition, ils sont compromis. Le scrutin majoritaire à deux tours intègre les mouvements d'opinion dans la compromission.

Avec le scrutin majoritaire à un tour, l'inexactitude dans la représentation est très appréciable. Les effets de l'inégalité seront analysés plus loin avec la loi du cube. En revanche, son influence sur l'apparition des nouveaux partis est plus complexe. Comme pour le scrutin majoritaire à deux tours, l'affirmation des tendances nouvelles est difficile, mais, finalement, si le nouveau parti est plus long à s'implanter, il le fait en conservant son originalité.

Ce fut le cas du Parti travailliste en Grande-Bretagne. *A priori* les électeurs évitent de disperser leurs voix sur un candidat qui n'a aucune chance d'être élu. Mais parce que ce nouveau parti est nettement différent de ceux qui existent déjà, parce qu'il est le seul à défendre leurs intérêts de classe, les électeurs ouvriers et syndiqués préfèrent gaspiller leur vote. Lorsque le suffrage devient universel – en 1918 – l'implantation parlementaire suit : de 42 en 1910, le nombre de députés travaillistes passe à 142 en 1922. Rapidement alors les plus modérés des électeurs libéraux votent conservateur, les plus « progressistes » rejoignent les travaillistes. Cette nouvelle polarisation tenant au mode de scrutin a entraîné l'élimination du Parti libéral à partir des années trente.

Le même mode de scrutin, appliqué à la même époque en Nouvelle-Zélande ou en Afrique du Sud, aboutit au même résultat : l'implantation d'un pôle social-démocrate réformiste à gauche de l'éventail politique.

Les propositions précédentes ont-elles valeur de lois sociologiques ? Avant de se prononcer, il faut tenir compte d'un recensement effectué par Douglas W. Rae dans vingt démocraties occidentales entre 1945 et 1965 ; cet auteur conclut que les systèmes électoraux accordent presque toujours une plus forte proportion de sièges que de suffrages aux partis ayant obtenu de forts résultats électoraux : cette bonification, qui est de près de 4 % en moyenne, s'élève encore à plus de 1 % en cas de représentation proportionnelle. Il y a plus : bien souvent, le système électoral « fabrique » des majorités artificielles ; dans quarante-trois cas de majorités parlementaires formées d'un seul parti, vingt-sept correspondent à un nombre de suffrages inférieur à 50 % et dix procèdent d'un système de représentation proportionnelle.

Plus récemment, Richard Rose a calculé un indice de fidélité dans la représentation, et a constaté que les manipulations des modes de scrutin ont pour résultat de niveler les inégalités qu'ils provoquent : en 1982, « la différence entre le système le plus proportionnaliste des systèmes proportionnels, en Autriche, et le plus proportionnaliste des systèmes majoritaires, aux États-Unis, est seulement de 5 % ; la différence entre le moins proportionnaliste des systèmes proportionnels, en Espagne, et le moins proportionnaliste des systèmes majoritaires, en France, est de 5 %. L'étendue de la variation est aussi grande au sein des systèmes de RP qu'entre les systèmes non-proportionnalistes. » En 1990, les indices varient, en système de RP, de 99 à 87 %, en système majoritaire, de 100 à 79 %.

| Systèmes proportionnels | | Systèmes majoritaires | |
|---|---|---|---|
| | | Malte | 100 |
| Autriche, Allemagne | 99 | | |
| Suède | 97 | | |
| Islande, Pays-Bas | 96 | | |
| Danemark, Irlande | 95 | | |
| Italie | 95 | | |
| Israël | 94 | États-Unis (Chambre) | 94 |
| Grèce | 93 | | |
| Belgique | 92 | | |
| Luxembourg, Norvège | 91 | | |
| Portugal, Suisse | 91 | | |
| Finlande | 89 | Japon | 89 |
| | | Nouvelle-Zélande | 88 |
| Espagne | 87 | Australie | 87 |
| | | Canada | 86 |
| | | France | 81 |
| | | Grande-Bretagne | 79 |

*Fig. 2.* Indices de proportionnalité des modes de scrutin proportionnel ou majoritaire (1991).

On sera alors tenté de considérer que la tendance des systèmes politiques contemporains s'affirme vers des choix de type binaire ou bipolaire et que l'importance de l'écart entre majorité et opposition est ressentie comme moins importante que la stabilité et l'efficacité gouvernementales.

### Le nombre des partis

L'œuvre pionnière de Maurice Duverger a fait l'objet en son temps de débats à partir des critiques pertinentes formulées par Georges Lavau puis Douglas Rae.

Les conclusions de M. Duverger peuvent être formulées en trois « régularités tendancielles », pour reprendre une expression de Georges Gurvitch :

« a) La représentation proportionnelle tend à un système de partis multiples, rigides et indépendants ; b) Le scrutin majoritaire à deux tours, à un système de partis multiples, souples et dépendants ; c) Le scrutin majoritaire à un seul tour, au dualisme des partis. »

En ce qui concerne le *scrutin majoritaire à un tour*, rien ne vient démentir la proposition de M. Duverger. Le dualisme des partis – bipartisme – n'existe pas là où ce mode de scrutin n'est pas utilisé. Il existe au contraire, et très fermement, en Grande-Bretagne et aux États-Unis qui n'ont pas connu d'autre système électoral. En Grande-Bretagne, on peut expliquer très simplement cette incidence mécanique du mode de scrutin : la multiplicité des candidatures aboutit à tous coups à l'élection d'un candidat qui a pourtant plus d'opposants que de partisans. Les premiers sont naturellement conduits à se regrouper pour vaincre ; s'ils ne font pas cet effort, ils sont condamnés à disparaître. De toute façon, les votes se polarisent sur les deux candidats qui ont le plus de chances de dominer le débat, l'attitude des électeurs étant parfois négative ; dès le premier et unique tour, ils éliminent le candidat dont ils ne veulent pas en votant pour l'adversaire qui a le plus de chances de le battre. Mais encore faut-il que ce dernier ne les rebute pas. Dès lors, à droite et à gauche, les différentes tendances se regroupent-elles au profit des partis « modérés ». En règle générale, la présence d'un candidat communiste risque de favoriser la victoire d'un conservateur ; la présence simultanée de deux candidats modérés risque d'amener une victoire travailliste ; les électeurs communistes préfèrent alors voter pour le candidat travailliste, et le seul candidat investi par le Parti conservateur recueille les voix de droite.

Le scrutin majoritaire à un tour aboutit au laminage des tiers partis : aux États-Unis, démocrates et républicains constituent les deux pôles de la vie politique, et toutes les tentatives – au niveau national – de briser ce duopole ont échoué. En Grande-Bretagne, la quasi-disparition du Parti libéral a été accélérée par le système électoral, qui a également été un frein puissant à l'essor du communisme en 1945 et de l'Alliance entre les libéraux et les sociaux-démocrates depuis 1983. Si l'opinion publique y demeure très diversifiée, au moment de l'élection le bipartisme se manifeste par un quasi-duopole des conservateurs et des travaillistes que les centristes libéraux-démocrates contestent en termes de suffrages – 18,3 % en 2001 – mais pas en sièges gagnés – moins de 8 %.

Cette règle ne souffre pas d'exceptions. Si, au Canada, le scrutin à un tour n'empêche pas la présence de cinq partis au plan fédéral, le bipartisme a longtemps été la règle dans chacune des provinces. Il en était de même au Danemark avant l'adoption de la RP. S'il n'en est pas de même en Inde – quarante partis sont représentés à la Chambre en 1999, dont plus de vingt ont trois députés ou moins –, c'est à cause du localisme exacerbé mais compréhensible de la vie politique.

L'influence de la représentation proportionnelle sur le nombre des partis est plus difficile à cerner. Par principe, puisque chaque tendance peut espérer une représentation minimum, la multiplication des partis représentés pourrait être infinie. À première vue, ce principe semble confirmé par la lecture des résultats électoraux : on a déjà noté l'effervescence partisane actuelle en Belgique, en Suisse, aux Pays-Bas, en Israël, en Pologne. En Italie, en 1993, seize partis siègent à la Chambre et remettent en cause l'État-nation par des représentations régionales (ligues lombarde, venète, sicilienne ou du Val d'Aoste). Sous la IV$^{e}$ République, en France, le nombre des groupes parlementaires a été s'amplifiant, du fait de permanentes brisures des partis préexistants.

Pourtant, aujourd'hui, en Allemagne et en Autriche, on constate la coexistence de la RP et d'un système de « deux partis et demi » *(zweienhalbparteiensystem)*, selon la formule de M. Theo Ohlinger : près de 90 % des votes se polarisent sur le Parti social-démocrate (SPD ou SPÖ) ou sur son principal adversaire (coalition CDU/CSU ou ÖVP). Peut-on, à l'instar de Douglas Rae, dire qu'« il est idiot d'en conclure que la RP provoque la multiplication des partis » ? Assurément pas : ce serait sans compter sur l'effet drastique du seuil de 5 % dont on constate qu'il joue un rôle fondamental : en Bulgarie, un mode de scrutin à l'allemande, mais sans seuil, permit, en 1990, à huit partis d'accéder à la Constituante ; une RP avec seuil à 4 %, utilisée un an après, en élimina cinq.

En poussant l'analyse, M. Duverger affine son hypothèse ; selon lui, la RP produit deux effets essentiels : en premier lieu, elle « maintient une multiplicité existante ». À cet égard, la comparaison de la Belgique et la Grande-Bretagne est très éclairante. Toutes deux connaissent, au XIX$^{e}$ siècle, un système bipartisan libéraux-catholiques, libéraux-conservateurs ; toutes deux connaissent au même moment une poussée socialiste due à l'ouverture du droit de suffrage à la fin du siècle. La Grande-Bretagne ne modifie pas son système électoral et le bipartisme s'y maintient, modifié comme on l'a vu. En Belgique, l'adoption de la RP est motivée par le souci de maintenir la représentation libérale, parce que les catholiques veulent « éviter le tête-à-tête avec les socialistes » : aussitôt, le nombre de sièges libéraux – qui était tombé de 60 à 20 en 1894 puis à 12 en 1898 – remonte à 33. Il s'élèvera à 42 après les scrutins de 1902-1904, probablement par une « dépolarisation » des anciens électeurs libéraux, qui avaient quitté le parti après 1894 pour faire bloc sur le Parti catholique, et reviennent à leurs premières amours une fois qu'ils ont compris le mécanisme de la RP. Le Parti libéral est littéralement sauvé par le système électoral.

Le deuxième effet de la représentation proportionnelle est de favoriser le sectionnement des partis existants, très difficile en régime majoritaire à un tour (malgré toutes les crises qu'il connaît, le Parti travailliste reste uni ; aux États-Unis, le phénomène est aussi net). On a pu constater par exemple que le Parti des paysans et des bourgeois suisse est né en 1919 d'une scission du Parti radical, rendue plus facile par la RP. En Norvège, elle a provoqué l'éclatement des partis libéraux et modérés. En Belgique, aujourd'hui, chaque parti présente deux visages : flamand et wallon.

On peut alors conclure que, sans avoir nécessairement un effet « atomiseur », la RP a tout de même tendance à favoriser l'apparition de petits partis et de groupuscules dont le poids politique au niveau parlementaire ne correspond pas à leur puissance réelle : Israël et la Pologne en apportent la preuve, et la généralisation des seuils d'éligibilité en apporte la preuve... contraire.

Le *scrutin majoritaire à deux tours* a-t-il les mêmes effets multiplicateurs que la RP ? Ici, la réponse est plus nuancée puisqu'il s'agit d'un mode de scrutin qui n'a plus été utilisé – le cas français étant mis à part – après 1918.

On constate simplement que, là où il existait – en Allemagne, dans les monarchies parlementaires nordiques, en Suisse, en Italie, etc. –, le multipartisme était la règle : dans l'Allemagne impériale, on comptait douze partis en 1914 ; en France, la Chambre des députés issue en 1936 des élections du Front populaire – qui s'étaient pourtant déroulées « bloc contre bloc » – comprenait douze groupes parlementaires. Dès lors, il semble que le second tour ait, sur le nombre des partis, le même effet que la RP, sauf lorsqu'il est utilisé en système bipartisan comme c'était le cas en Belgique avant 1899 ; la puissante organisation des partis que suppose le bipartisme peut résister plus aisément à son action.

Pour autant, les remarques critiques de Georges Lavau semblent assez pertinentes quand il note, en 1953 : « Il n'est pas certain que le scrutin majoritaire à deux tours ne puisse pas avoir – au moins théoriquement – une action coagulatrice sur les groupes partisans. La préparation du regroupement et des coalitions du second tour devrait inciter les partis à des alliances qui pourraient devenir permanentes. » L'étude de la vie politique de la Ve République confirme dans une large mesure cette hypothèse ; on y voit se conforter la « bande des quatre » qui s'opposent régulièrement les uns aux autres à l'intérieur de deux coalitions dont les contours sont rendus plus nets par le couperet des 12,5 % et dont le président de la République est l'otage puisqu'il est l'élu de l'une d'entre elles et la principale cible de l'autre. À gauche, le Parti socialiste grignote régulièrement l'électorat du Parti communiste qui se différencie de moins en moins du sien. À droite, RPR et UDF se sont livrés dès 1974 à un « combat des chefs » qui leur coûta longtemps l'Élysée et la majorité parlementaire ; ils ont entrepris depuis un travail d'implantation locale et de structuration nationale que le premier semblait, jusqu'en 1997 et la malencontreuse « dissolution de convenance », mieux armé à réaliser autour de la forte personnalité de M. Jacques Chirac. Mais, au Parlement, la discipline de vote est très forte au sein de chacun des partis et de chacune des coalitions, qui se situent dans un éventail politique qui perd les couleurs de l'arc-en-ciel pour devenir progressivement bicolore : un « multipartisme bipolarisé » (par l'élection présidentielle), selon l'heureuse formule de Giovanni Sartori.

L'étude de Douglas Rae nuance les conclusions précédentes dans la mesure où elle fait intervenir la taille respective des partis en présence : cet auteur constate, en effet, que, du point de vue des relations entre grands et petits partis, les formules majoritaires tendent, plus que la RP, à maintenir le *statu quo* ; quand il s'agit de « partis établis », les changements les plus profonds ne coïncident pas avec un système proportionnaliste.

En tout état de cause, on peut considérer que les modes de scrutin ne sont qu'un des éléments des systèmes de partis politiques ; ces derniers réagissent sur eux, parce que les partis veulent rester ce qu'ils sont ou parce que la pression du marché politique est telle qu'elle les contraint à se modifier.

### La structure des partis

Le poids qu'elle subit de la part du marché électoral n'apparaît pas de prime abord comme évident ; elle a pu cependant être dégagée des expériences de scrutin de liste ; ces dernières ont favorisé l'enrôlement des candidats dans des structures partisanes cohérentes, dépassant en organisation les comités électoraux du scrutin uninominal.

Cette tendance est renforcée par la RP qui donne une dimension plus vaste à la compétition électorale et favorise l'emprise des permanents des partis sur les candidatures. Sans prendre le cas extrême d'une liste nationale de candidats, il est bien certain que, même au sein de circonscriptions de la taille du département, la façon dont la liste est composée est pour chacun une garantie de succès ou la certitude de l'échec. Au sein des assemblées parlementaires, la discipline de vote est alors importante, les députés « récalcitrants » pouvant craindre des sanctions qui briseront leur carrière politique.

En France, on a constaté que l'introduction de la RP en 1945 a favorisé l'implantation de partis très structurés (« monolithiques ») comme le Parti socialiste, le Parti communiste ou même le MRP. Comme preuve contraire, on pourrait avancer qu'elle a sanctionné en 1956 l'échec total du RPF (parti gaulliste) dans son effort avorté de structuration.

Le monolithisme, la rigidité des partis politiques n'existaient pas au contraire sous la III^e^ République – les deux partis de gauche mis à part –, et Maurice Duverger avait pu en conclure, en 1950, que le scrutin majoritaire à deux tours tendait à la formation d'un système de partis *souples* ; il avait sans doute présent à l'esprit l'exemple des partis du centre et de la droite, radicaux et modérés, qui s'étaient développés comme partis de cadres, à partir de comités électoraux locaux, et dont la structuration était très faible. Mais les expériences contemporaines de scrutin majoritaire à deux tours doivent désormais nuancer très fortement cette « loi ». Sous la V^e^ République, en effet, on peut constater que ce mode de scrutin ne porte pas atteinte au monolithisme des partis. Il suffit pour s'en convaincre de suivre les mésaventures des candidats qui n'ont pas reçu le « label de qualité », l'investiture des grandes formations aux élections nationales ; les « parachutages » de ministres dans des circonscriptions où ils n'ont aucune attache sont très souvent couronnés de succès. D'une manière très générale, les désistements sont décidés par les instances nationales des partis, et s'il est peut-être difficile d'avancer les termes de structures rigides, on peut au moins parler de *centralisation* des partis.

Cette assertion est vérifiée par l'exemple de la Grande-Bretagne : le scrutin majoritaire à un tour coïncide avec une très forte centralisation dans l'organisation des partis politiques. Ici plus qu'ailleurs, l'investiture partisane est la condition nécessaire et suffisante d'une carrière politique qui se déroule tout entière sous la surveillance vigilante des *whips* : la liberté des députés est réduite, le régime britannique est bien le gouvernement des dirigeants des partis.

Quand il s'agit d'un système électoral avec un parti unique qui récuse le pluralisme des candidatures, on assiste alors, comme en Allemagne nationale-socialiste ou dans les démocraties socialistes, à une véritable dictature du parti, dont les structures sont les plus importantes dans l'État, qui devient « l'État-parti ».

On imagine aisément que « l'américanisation de la politique » a développé la sophistication et la professionnalisation des technologies électorales (en anglais : *electioneering*) et provoqué un véritable bouleversement de l'organigramme des structures de décision des partis : le cerveau de l'entreprise se situe désormais à l'étage de la communication et du financement. Là et pas ailleurs se définit et s'organise la stratégie des opérations électorales : « Le déclin de l'influence des chefs de partis dans la conception et la direction de la propagande électorale et leur remplacement par des consultants professionnels ont été plus évidents aux États-Unis que partout ailleurs. La transformation du financement des élections en termes de montants et de réglementations plafonnés des sommes investies, avec la possibilité d'un financement public, a pris des formes différentes dans tous les pays, mais l'exemple américain est très présent dans tous les débats sur ces questions. » Un véritable droit des affaires électorales réglemente le marché politique.

Les incidences de cette réglementation sur la nature du système politique impliquent son encadrement au niveau de la constitution. Il en était ainsi dans l'État communiste ou dans les systèmes de parti unique où ce niveau maximum de rempart juridique allait de soi, en URSS ou dans les systèmes de parti unique d'Afrique noire – en Guinée, en Côte-d'Ivoire, en république populaire du Congo jusqu'à une date récente, par exemple. Aujourd'hui, on ne trouve guère cette protection constitutionnelle que dans les ultimes vestiges d'États socialistes inspirés du modèle marxiste-léniniste. À Cuba, dans la rédaction de 1976, le Parti communiste, « avant-garde organisée marxiste-léniniste de la classe ouvrière », était défini, à l'article 5 de la Constitution, comme « la force dirigeante supérieure de la société et de l'État qui oriente les efforts communs jusqu'à la construction finale du socialisme et l'avancée de la société communiste ». À quelques nuances près, on retrouve la même formule dans la Constitution vietnamienne de 1991 ou dans la Constitution chinoise de 1982.

Mais la charte fondamentale évolue avec le statut politique des partis et l'essor, même difficile, du pluralisme. Emmanuel Jos a lu entre les lignes la révision de la Constitution cubaine intervenue en 1996 : il y découvre l'abandon du marxisme-léninisme au profit du martisme-léninisme, le passage d'une référence passablement dévaluée à un symbole nationalitaire et libéral, José Marti. C'est à lui que le nouvel article 5 emprunte la nouvelle définition du Parti communiste : « martiste et marxiste-léniniste, avant-garde de la nation cubaine », il « est la force dirigeante supérieure de la société et de l'État ». Tout est dans la nuance, mais elle n'est pas négligeable car on voit mal comment elle interdirait désormais l'essor d'organisations sociales nationalistes, et « l'affirmation d'une citoyenneté cubaine découlant de la solidarité révolutionnaire ». La Constitution desserre désormais le lien entre l'État et le Parti unique.

Ailleurs, le niveau d'intégration peut ne concerner que certaines activités des partis ; ainsi en est-il de l'influence qu'ils exercent sur les pouvoirs publics. Pierre Avril note avec justesse que la notion de mandat représentatif, telle qu'elle est reçue par le droit politique de l'Europe occidentale, ne place aucun intermédiaire entre l'électeur et l'élu ; par surcroît, ce dernier est considéré comme représentant de la nation tout entière et non pas de la circonscription où il a été élu. Ce principe « exclut toute organisation juridique des rapports entre les partis et leurs élus : c'est en tant que citoyens adhérents d'un parti, et non en tant que parlementaires que ceux-ci sont concernés par ses décisions. [...] Les pouvoirs juridiques des organes dirigeants » (du parti) peuvent affecter l'appartenance à l'association, mais demeurent « sans effet sur la situation parlementaire de l'intéressé ». L'indiscipline du député n'est pas sanctionnée par le parti autrement que par son exclusion du groupe parlementaire ; elle ne peut aller jusqu'à l'évincer de l'Assemblée – sauf lorsque, comme c'était le cas en URSS, la procédure de déchéance du député *(recall)* pouvait être entamée par les organisations du PCUS pour être ratifiée par les électeurs.

Mais le statut constitutionnel des partis est de moins en moins contestable ; il réalise un véritable contrat entre eux et l'État. Ils naissent et se structurent librement mais sont tenus de respecter les valeurs fondamentales de l'État. Moyennant quoi, leur participation au marché politique est rémunérée par la collectivité tout comme le serait l'activité d'une entreprise publique. En France, ce statut financier, qui a été très long à se mettre en place et qui présente encore quelques lacunes « corruptogènes » – plus simplement : corruptives –, repose sur deux plans complémentaires : financement spécifique des campagnes électorales, sur lequel nous reviendrons en temps opportun, et financement des partis comme agents publics, dans leur vie quotidienne et leurs activités autres qu'électorales (rémunération des permanents, entretien des locaux, organisation des congrès, bref, frais de fonctionnement et en partie d'investissement de l'entreprise). On note immédiatement que le montant de ces ressources ordinaires est calculé, au niveau national, à partir de deux paramètres attachés au processus électif : les électeurs et les élus. Ce qui n'a pas été sans faire appel aux principes constitutionnels : liberté d'opinion pour les élus ; comme Pierre Avril l'avait subodoré en 1990, ils peuvent être contraints à s'affilier à un groupe parlementaire. Principe polyarchique pour les électeurs, il ne saurait dans l'absolu être imaginé un seuil minimum de suffrages obtenus pour accéder au financement public, sauf à la limite un pourcentage inférieur à 1/477e du total des sièges de l'Assemblée nationale soit 0,2170. Après avoir tergiversé, et sous la censure des sages, la loi fixe aujourd'hui la barre à 1 %. Il suffit d'avoir présenté des candidats dans plus de soixante circonscriptions lors du plus récent renouvellement de l'Assemblée nationale. La répartition s'effectue proportionnellement au nombre de suffrages obtenus au premier tour de ces élections. Voilà qui laisse la porte ouverte à quelques officines à caractère sectaire mais aussi tout crûment ingénieuses qui, moyennant un minimum d'investissement – cinquante candidatures totalement fictives parfois –, participent chichement peut-être, mais effectivement, au partage du gâteau (en 2001, 1,66 euro par voix, 45 398 euros par parlementaire chaque année pendant la durée du mandat).

L'investissement électoral est donc le plus rémunérateur pour l'entreprise politique, le moteur de son développement. Un parti sans candidat, absent du marché, est condamné à péricliter, à dépérir. On peut dire sans exagération que son objet social est l'opération électorale. Il n'est alors pas surprenant que le droit des partis s'inspire de plus en plus, formellement au moins, du droit des affaires. Ils doivent être enregistrés auprès d'une Commission nationale des comptes de campagne et des financements politiques (CNCCFP), qui est leur registre du commerce en même temps que leur juge de première instance. Leurs bilans sont soumis à des règles mises en œuvre par des experts-comptables agréés. L'irrégularité éventuelle des comptes est susceptible de sanctions qui échappent aux militants, lesquels ne sont, tout compte fait, que des actionnaires minoritaires – en 2001, les cotisations des adhérents ne représentent que 8 % du budget du RPR, 13 % du budget du Parti socialiste, 5 % du budget du Front national. La dérive vers le monde de l'entreprise ne trompe désormais plus personne, au point que même les juges, et pas les moindres, en sont désormais convaincus et le ratifient, l'authentifient. Le Conseil d'État, dans un arrêt d'Assemblée rendu le 30 octobre 1996, a ouvert la voie : « est un parti politique l'association *qui se soumet à la législation sur le financement des partis politiques* » (CE Ass., 30 octobre 1996, élections municipales de Fos-sur-Mer – c'est nous qui soulignons). Ce coup de tonnerre dans le monde des politistes a été confirmé par une décision du Conseil constitutionnel, avec toute la force coercitive qu'elle implique, en date du 20 février 1998 (97-2433, AN Gironde 1°, M. Fedou) : elle rappelle que la « qualification de parti ou groupement politique est notamment subordonnée à la condition de la constitution d'une association de financement agréée par la CNCCFP » (*Cahiers du Conseil constitutionnel*, 14-2003,43).

L'affaire est entendue, désormais : les partis sont des entreprises publiques.

# Troisième partie

# Les prémices de la transaction électorale : l'espace et le temps

Il faut revenir à l'étymologie : élire c'est choisir. Mais encore faut-il déterminer ce que le système électoral propose comme choix : l'adhésion ou l'option ? Un représentant des gouvernés ou un gouvernant ? Un tribun ou un pilote ? Faut-il savoir quelle est la dimension spatio-temporelle des choix : municipale, régionale, nationale ? Pour une période courte (à terme) ou longue (à vie) ? La sociologie électorale a dégagé le portrait de l'électeur décontenancé par la complexité des enjeux, qui n'est pas celui du café du commerce où l'on prétend avoir tout compris mais plutôt celui de l'estaminet décrit par Michel Hasting, qui va se renseigner, peut-être faire rédiger son bulletin par plus informé que lui et qui, tout bien réfléchi, ira pêcher à la ligne le jour du scrutin.

Chaque acte de vote répond à la décision individuelle de celui ou celle qui l'émet, poursuivant la recherche d'une rémunération, la satisfaction d'un intérêt, d'une vengeance ou d'un plaisir – Freud est sans aucun doute derrière le rideau de l'isoloir ou dans la fente de l'urne –, l'expression d'une croyance ou d'une passion. Pour l'essentiel du domaine subjectif, impossible à cataloguer. Ici, on s'attachera à tenter de saisir les enjeux liés aux contraintes extérieures, aux acteurs qui pèsent sur tous de manière identique – ou presque – et que l'on peut situer, non sans quelque arbitraire, dans le domaine de l'objectif, du normatif. Parce qu'il serait inconséquent de les hiérarchiser, on va les observer dans un désordre totalement arbitraire, ces contraintes liées à l'espace et au temps.

## Chapitre I

# L'espace : les découpages électoraux

Il est pour l'essentiel celui du territoire concerné par la consultation, étant entendu qu'à l'arrière-plan se profile la population de ce territoire. La place éminente conférée par la théorie politique à l'État-nation provoque alors la distinction classique, mais aujourd'hui contestable, entre élections nationales et élections locales. On explique que les premières permettent de désigner des gouvernants – membres du Parlement désignant eux-mêmes les membres du gouvernement qualifié de « pouvoir exécutif », non sans équivoque d'ailleurs – alors que les secondes dégagent des administrateurs – dans un vocabulaire ambigu : « autorités locales », « chefs d'édilité », « exécutif départemental » – dont les compétences sont de nature normative mais subordonnée. Les autorités de l'État font la loi, les autorités locales sont soumises à la loi.

Dans cette perspective sacralisatrice de l'État-nation unitaire, on distingue alors fortement les élections par niveau : politiques à l'échelon national, administratives à l'échelon local, municipal ou départemental, c'est-à-dire sans enjeu politique avéré. Ce subterfuge est renforcé par des règles du jeu favorisant la dépolitisation des scrutins locaux au bénéfice de leur contenu notabilaire. L'élu local est « à portée de voix », à la mairie, maison commune, au chef-lieu de canton ou d'arrondissement, pour gérer les attentes quotidiennes de ses concitoyens ; issu des élites sociales, il porte les attentes auprès des autorités déconcentrées de l'État, à qui il sait écrire ou parler. Rien d'idéologique là-dedans, explique-t-on, à cette nuance près que les romans populistes, de Gabriel Chevallier à Marcel Aymé (ou à Giovanni Guareschi en Italie), font bien apparaître le combat entre l'instituteur et le curé, les cols bleus et les cols blancs selon une stratification sociale élémentaire mais réelle. La politisation des enjeux est plus diffuse qu'explicite et ne s'exprime en tout cas qu'à travers les individus ou les comités électoraux. Les partis en tant que tels demeurent hors jeu ou sur la ligne de touche.

Tout change à partir des années vingt sous l'influence de deux facteurs liés sans doute l'un à l'autre : l'urbanisation et la décentralisation, qui sont un peu comme la poule et l'œuf, deux éléments d'un unique système. La première, fruit malicieux de la modernisation, provoque un surenchérissement des équipements collectifs. La seconde est la réponse molle à un mouvement aujourd'hui irréversible de délabrement de l'État-nation, qui prend la forme alternative du fédéralisme ou de la miniaturisation. Charbonnier prétend être maître chez soi et disposer d'un pouvoir normatif, peut-être écorné mais incontestable, sacralisé par la Constitution.

La politisation du local s'exprime à travers plusieurs indicateurs : l'autonomisation des centres de décision, la stratification horizontale du territoire, le non-cumul des mandats. On serait tenté de dire que l'un ne va pas sans l'autre et que le niveau de l'intervention du parti est, à tout prendre, secondaire. L'essentiel est qu'il soit présent à tous les étages du marché : un exemple fascinant est proposé par le Canada et le Québec, à la recherche d'un équilibre, ou d'une issue, au conflit entre l'État fédéral, fonctionnellement centralisateur, et la « Belle Province », spontanément portée à revendiquer plus d'autonomie

– voire une indépendance improbable. Les partis politiques et, surtout, leurs leaders ne peuvent pas jouer sur les deux tableaux, c'est interdit ; mais ils peuvent sans difficulté aucune passer d'un niveau à l'autre sans préjudice pour leur fortune : en 1997, Lucien Bouchard, qui avait ébranlé le Parlement fédéral quatre ans auparavant en y devenant le chef de l'opposition, se replie à Québec où il devient Premier ministre de la Province. La même démarche est effectuée quelques années plus tard par Jean Charest : son parti conservateur ayant été laminé à Ottawa, il se retrouve sans mal chef du Parti libéral provincial à Québec. Chez nous, où le cumul des mandats demeure, même contesté, les trajectoires sont en partie cumulées : François Bayrou, qui s'imagine un destin national – au niveau suprême –, ne néglige pas pour un temps « le duché d'Aquitaine » sur lequel Jacques Chaban-Delmas s'était replié entre 1974 et 1986. Le véritable professionnel de la politique, Valéry Giscard d'Estaing, passe sans difficulté du palais de l'Élysée à la présidence de la région Auvergne d'où il s'évade par instants pour initier des politiques européennes. On dira trivialement que la carrière politique connaît des hauts et des bas.

L'entreprise politique quadrille alors l'État-nation dans sa totalité et ce n'est que par souci pédagogique, pour tenir compte du décalage entre le droit qui évolue lentement et la réalité qui le précède, que l'on rencontre à présent deux notions propres au vocabulaire des spécialistes du territoire électoral : celle de *circonscription* et celle de *découpage*.

## La circonscription

Dans sa formulation la plus simple, la *circonscription* est l'aire territoriale concernée par l'opération électorale. La science de référence est aujourd'hui la géopolitique, depuis que l'on imagine et réalise des scrutins au-dessus des frontières nationales. Jusque dans les années quatre-vingt, c'était plus simplement la géographie qui nous enseignait le rapport entre l'homme et l'espace et alimentait le débat jamais épuisé sur la nature de la représentation que nous retrouverons sous peu.

En attendant l'élection de l'éventuel futur président de l'Union européenne au suffrage universel, c'est l'État-nation qui constitue la circonscription la plus vaste qui se puisse imaginer : « ma circonscription, c'est la France », a pu dire un président de la Ve République ; la plus étroite que l'histoire dessine chez nous autour du clocher du village est municipale. Entre les deux, plusieurs niveaux superposés par des contraintes politico-administratives déterminées par la structuration de l'État : unitaire, elle évite de multiplier les niveaux intermédiaires de pouvoir entre le centre et la périphérie ; fédérale, elle accepte une stratification horizontale dans la distribution des compétences normatives.

Mais une fois ces principes posés avec solennité, la politique quotidienne reprend ses droits ; entre eux, la synergie ouvre plusieurs pistes à l'observateur :

1) On distingue fondamentalement les enjeux nationaux et les enjeux locaux. Les seconds ne soulèvent guère de difficultés dans leur énumération, elles apparaissent dans leur combinaison : on conçoit aisément, de nos jours, que la taille des circonscriptions corresponde à l'envergure du mandat, qui ne se calcule plus en kilomètres à parcourir à cheval ou à dos de chameau mais en moyen de communication de masse et de légitimation, de niveau d'emprise ; l'heure de mon clocher ne sonne plus à Plassac (33 390 habitants) et est inaudible à Saint-Germain-des-Prés (75 006 habitants), couvert par le bruit des voitures et des autobus. La superposition des niveaux de pouvoirs locaux est provoquée par la routinisation des attentes – à Plassac, il n'y a plus de curé et l'on se bat, au conseil

municipal, pour sauver l'agence postale –, le refus de saborder les structures vermoulues sauf à les désertifier par la création de structures nouvelles, plus opérationnelles, additionnant des strates plus larges aux strates parfois moribondes, parfois éliminées – l'arrondissement –, parfois vécues dans l'ordre du symbolique, de la mémoire collective – à Plassac, commune-dortoir, la secrétaire de mairie gémit : « Seuls les vieux viennent me voir, les jeunes ne savent même pas où est la mairie ! » Dans la France du XXIe siècle, le canton est partout contesté et le département ne résiste que parce qu'il demeure une circonscription de déconcentration traditionnelle, une unité territoriale de référence statistique. L'échelon régional, mieux adapté à l'Europe en construction et électoralement articulé sur elle par la loi nouvelle, est celui sur lequel parie désormais la classe politique pour tisser sa toile.

Les enjeux nationaux, inséparables des précédents, s'insèrent dans la même logique : « mon député » est la clé de répartition des rôles et donc de distribution des circonscriptions. Ainsi, en Israël pour des raisons historiques de création de l'État, aux Pays-Bas pour des raisons d'ordre culturel, à Monaco pour des raisons d'ordre géographique, l'État sera l'unique circonscription pour l'élection parlementaire. Il l'est aussi, plus logiquement, pour l'élection présidentielle au suffrage universel, dont la fonction d'incarnation est essentielle. On combine alors volontiers la circonscription étatique avec un aménagement « majoritarisant » du scrutin tel que le système des deux tours, dont l'accès au second est réservé à deux candidats seulement – en France et de plus en plus souvent en Amérique latine, en Afrique et en Europe de l'Est – qui nationalise l'enjeu. Quand la tradition fédérale est solidement ancrée dans l'histoire nationale, aux États-Unis, on maintient le subterfuge juridique du suffrage indirect, mais il est très contesté... et à vrai dire passablement contestable.

2) La multiplication du nombre des circonscriptions, contrairement aux vues idéalistes des faiseurs de systèmes, correspond le plus souvent à des préoccupations purement électoralistes. Les théoriciens, utopistes parfois, s'inscrivent dans une tradition nord-américaine qui a trouvé un champ d'expérimentation fertile aux États-Unis à partir des travaux très sagaces d'une filière particulièrement imaginative où l'on retrouve, aux origines, les pères de la Fédération, Jefferson, Hamilton, Adams, Webster et, aujourd'hui à Paris, Michel Balinski, mieux écouté à l'École polytechnique que dans les entreprises politiques, dans sa recherche d'une rencontre avec un idéal : un homme, un vote. Crûment présenté, le problème est celui de l'égalité entre les circonscriptions ; le principe démocratique, adossé au suffrage universel, implique qu'elle soit proche de la perfection. Au prisme de la politique et de son marché, les aménagements et les nuances s'additionnent naturellement au point de la remettre souvent en cause.

En théorie, tout est simple. Soit la circonscription représente un territoire, un paysage, une communauté de vie ; elle coïncide avec une circonscription administrative – l'arrondissement sous la III^e^ République, la commune ou le canton aujourd'hui encore – ; le nombre d'électeurs ou d'individus qu'elle rassemble importe peu. Soit elle représente un groupe humain compté par tête, et le principe d'égalité des citoyens implique que le poids démographique de chaque circonscription soit identique, afin que telle ou telle région, telle ou telle commune, tel ou tel quartier ne soit pas défavorisé par rapport à d'autres. Pour que la représentation soit parfaite au sein d'une même assemblée, chaque élu devrait représenter le même nombre d'électeurs : dans une assemblée de 10 membres élus par 1 000 personnes, chaque membre devrait représenter 100 personnes ; tous les membres du groupe considéré seraient alors parfaitement représentés. En revanche, si un élu X est choisi par 500 personnes et un autre Y par 1 500, chacun des 500 électeurs de X est trois fois mieux représenté que chacun des 1 500 électeurs de Y.

Quand il s'agit d'une circonscription administrative – la province du Canada, l'État fédéré aux États-Unis, le département en France –, la règle à calcul et les subtilités de l'arithmétique donnent la réponse qui provoque toujours quelques chicaneries à la marge ; on détermine un quotient – chaque élu doit représenter *n* citoyens – et l'on divise la population totale par ce quotient ; le résultat donne le nombre de mandats attribués à chaque circonscription ; comme il y a toujours des restes, on se les dispute à partir de données démographiques qui changent en permanence. Le discours scientifique résume ces problèmes dans le célèbre *paradoxe de l'Alabama* dont ne se dépêtrent pas, nous le verrons plus loin, les théoriciens de la RP aux plus forts restes ; sa lecture politique est plus simple : moins une circonscription est peuplée, plus elle est affectée par les mouvements de population ; la logique des chiffres doit parfois composer avec les contraintes de la démographie et, partout, de la politique. L'époque contemporaine est celle de l'urbanisation et de l'exode rural ; aux États-Unis, où la mise à jour de la carte électorale est effectuée de façon quasi automatique après chaque recensement *(apportionment)*, des murmures s'élèvent devant l'apparition d'un vieillissement du corps électoral qui renforcerait le Parti républicain au détriment du Parti démocrate ; les électeurs du premier, plus âgés, plus riches, semblent se concentrer dans les États de la « ceinture du soleil » *(Sun Belt)*, Floride, Californie, Virginie, dont la population augmente, au détriment des régions industrielles du Nord-Est, où elle régresse ou stagne : le rééquilibrage entre les circonscriptions serait préjudiciable au dynamisme au bénéfice des retraités, donc du conservatisme. En France, où la redistribution automatique n'existe pas (encore), l'idée reçue est celle de la sous-représentation des partis de gauche, censés recruter leur électorat prioritairement dans la classe ouvrière, donc dans les régions urbaines victimes de l'inertie du législateur électoral. François Goguel a montré l'irréalisme de cette hypothèse et son point de vue est aujourd'hui confirmé par la carte électorale du Front national et de l'extrême droite ; le vote contestataire d'un prolétariat ouvrier marginalisé ne s'exprime pas uniquement à gauche.

Ceci étant, on conçoit aisément que les entrepreneurs politiques, sous le contrôle des gardiens du temple du droit, tentent d'assouplir les règles rigides de la mathématique électorale. Ils y parviennent grâce aux ciseaux du découpage.

## Le découpage

Le vocabulaire politicien aborde le *découpage électoral* à partir de la métaphore du « charcutage », utilisée par tous ceux qui s'en estiment les victimes. C'est la preuve qu'une opération à caractère principalement technique peut être imprégnée de considérations politiques, voire politiciennes. Pour l'ingénierie électorale, il s'agit simplement d'une contrainte induite d'un choix théorique simple : si la personne de l'élu importe moins que les valeurs, les idées qu'il exprime, la circonscription peut être vaste et les élus nombreux ; dans le cas contraire, il faut la découper.

À ce moment se posent les questions de savoir qui et dans quel but. À l'évidence, si les ciseaux sont tenus par les joueurs, le résultat de leur intervention sera contesté. Mais rares sont les cas où le découpage procède d'une autorité extérieure au jeu, il en est ainsi au Canada. En France, ce soin est confié au législateur, longtemps juge et partie, aujourd'hui heureusement rien que partie sous le contrôle du juge administratif ou constitutionnel.

En règle générale, l'art du découpage répond à quelques principes d'autant plus contestés dans leur mise en œuvre qu'ils sont simples à formuler : on ne découpe pas des paysages. Aux origines anglo-saxonnes de l'histoire électorale, le suffrage, censitaire, s'exerçait dans le cadre communautaire. Quelques-uns choisissaient au sein de leur groupe celui ou ceux qui parlaient au nom de la totalité du groupe. La constitution du 3 septembre 1791 l'exprime clairement : « les citoyens français [...] forment des communes » (titre II, art. 8). À Westminster, la Chambre est « des communes » qui sont aussi le cadre dans lequel s'exercent les franchises locales. C'est l'extension du droit de suffrage qui bouleverse le territoire électoral ; il repose désormais sur le citoyen et s'intègre dans le principe d'égalité, individualiste. Sa traduction la plus solennelle se lit dans la Constitution montagnarde du 24 juin 1793 : « La population est la seule base de la représentation nationale » (art. 21). « Il y a un député à raison de quarante mille individus » (art. 22), ce dernier terme, dans son imprécision, renvoie à la Constitution des États-Unis qui, plus cynique, exclut du compte « les Indiens qui ne paient pas l'impôt » et « trois cinquièmes de toutes les autres personnes » (art. 1, section II) ; la litote vise l'oncle Tom ! Plus crûment, la Constitution soviétique de 1924 précisait, dans l'article 9, que « le Congrès des Soviets de l'URSS est composé des représentants des Soviets urbains et des localités de type urbain à raison d'un délégué par 25 000 électeurs et des représentants des Soviets ruraux à raison d'un délégué par 125 000 habitants ».

La mise en œuvre de la règle est aujourd'hui effectuée sous le contrôle du juge qui veille à ce que les inévitables inégalités démographiques entre les circonscriptions soient maintenues dans les limites compatibles avec le principe d'égalité ; elle est d'origine américaine, là où elle était d'application plus facile quand l'arrivée des électeurs coïncidait avec le découpage électoral. Son fondement réside dans la Constitution des États-Unis (art. 1er section 2 : la Chambre des représentants est composée « par le peuple des divers États », et 14e amendement : égale protection des lois) telle qu'interprétée au niveau fédéral par la Cour suprême dans les célèbres décisions Wesberry v/ Sanders 376 US 1(1964) : les députés représentent « des individus, non des arbres ou des champs et [...] sont élus par des électeurs, non par des fermes, des villes ou des intérêts économiques ». La Cour devient intransigeante sur ce point quand il s'agit de la Chambre des représentants : elle a rejeté en 1969 le découpage électoral de l'État du Missouri dont les écarts de population entre circonscriptions variaient dans une fourchette de 2,8 % à 3,1 % par rapport à l'égalité absolue (Kirkpatrick v/Preisler 394 US 526) ; en 1983, elle refuse un écart de 0,7 % quand l'auteur du découpage ne démontre pas qu'il était inévitable (Karcher v/Dagett 462 US 725). La Cour constitutionnelle allemande est plus laxiste ; et le Conseil constitutionnel français adopte un point de vue intermédiaire depuis une décision du 8 août 1985 (196 DC *Évolution de la Nouvelle-Calédonie*) confirmée un an plus tard à l'occasion de la refonte de la loi relative aux élections législatives (1er et 2 juillet 1986, 208 DC *Découpage électoral*) ; l'économie générale en est la suivante :

1) L'organe représentatif doit être élu « sur des bases essentiellement démographiques » mais le législateur peut « tenir compte d'impératifs d'intérêt général susceptibles d'atténuer la portée de cette *règle fondamentale* [...] dans une mesure limitée » ; par exemple, chaque département devant élire deux députés au moins pour sauvegarder la règle du pluralisme politique, on tolère que ceux qui ne devraient en élire qu'un seul parce que leur population est insuffisante – les Hautes-Alpes et la Lozère – dérogent à la norme.

2) Au sein de chaque département, les circonscriptions sont dessinées prioritairement à partir des cantons, accessoirement des communes lorsque l'imposent des impératifs d'intérêt général, parmi lesquels « des réalités naturelles que constituent certains ensembles géographiques" et "des solidarités qui les unissent ».

3) Entre les circonscriptions, les écarts de population ne sauraient excéder 20 % en plus ou en moins du quotient départemental : s'il y a deux circonscriptions à découper dans un département comptant 200 000 habitants, chacune d'entre elles devra compter entre 80 000 et 120 000 habitants, ni plus ni moins, sauf à être le fruit d'une « erreur manifeste d'appréciation », hormis les « cas exceptionnels et dûment justifiés », fondés « sur des impératifs précis d'intérêt général ».

On ne découpe pas pour l'éternité : les migrations intérieures variables dans le temps et dans l'espace frappent tout découpage électoral d'obsolescence au bout d'un certain temps. L'inertie du découpeur est source d'inégalités qui croissent quand on constate l'uniformité de la désertification rurale dans le monde technicien d'aujourd'hui. À nouveau, le signal fort est venu des États-Unis lorsque la Cour suprême, longtemps réticente à « entrer dans le hallier électoral », dont elle laissait la gestion aux assemblées politiques, s'est résolue à sanctionner l'inertie du législateur électoral du Tennessee, irrespectueux par omission de l'obligation constitutionnelle de *reaportionment* – réajustement des circonscriptions – en fonction de l'évolution du corps électoral ; l'arrêt de principe, Baker v/ Carr (369 US 186) date de 1962 et repose sur l'idée que l'égale protection des lois (14<sup>e</sup> amendement) interdit les disproportions manifestes de représentation entre les électeurs et autorise à ce titre le juge à pénétrer dans une matière éminemment politique. Désormais, en fonction des recensements de population, les États ont obligation de procéder tous les dix ans à un redécoupage général des circonscriptions ; il en est de même aujourd'hui en Grande-Bretagne, en Irlande ou au Canada. Dans ce dernier pays, la procédure de « rajustement » est organisée de façon à éviter qu'elle laisse l'électeur décontenancé devant le changement de circonscription qu'elle provoque et qui risque d'inciter certains à rejeter la règle du jeu. Aussi, depuis 1964, est-il prévu, devant les commissions de délimitation des circonscriptions, des audiences publiques auxquelles sont conviés les acteurs du marché, partis et électeurs, afin que tous soient conscients du nouveau tracé projeté et puissent le contester ; ainsi sont prises en compte, au-delà du nombre, « la communauté d'intérêts (50 %), l'évolution historique locale (18 %) et la géographie (12 %).

Chez nous, il n'en est malheureusement pas de même. Le principe séculaire laisse le Parlement, donc les partis, maître de la règle du jeu ; c'est lui qui trace les contours du marché et les modifie quand il le juge bon, comme il l'entend, et quand il y consent, ce qui est rare – on est jamais aussi à l'aise que dans ses vieux vêtements. Tant que le mode de scrutin ne change pas, on ne change rien ; et si l'on doit changer, c'est si possible avec l'accord des feudataires – on dira plus volontiers aujourd'hui des concessionnaires. En 1927, lorsque le rétablissement du scrutin d'arrondissement provoqua un nouveau découpage, celui-ci fut effectué département par département... par les députés sortants ! En 1951, le partage incongru du département de la Gironde en deux circonscriptions fut, dit-on, le fruit d'un marché entre Jacques Chaban-Delmas et le socialiste Jean-Raymond Guyon. Il n'est alors pas opportun de confier l'opération à une seule autorité – le gouvernement agissant par voie d'ordonnances en 1958 ou dans un projet avorté en 1986. Mieux vaut le dialogue : entre le gouvernement et les élus du conseil général, sous le contrôle du juge administratif, pour le découpage cantonal ; entre le gouvernement et le Parlement, sous le contrôle du juge constitutionnel, pour le découpage législatif. Mais encore faut-il contraindre les partenaires ; alors même qu'une loi prévoit qu'ils doivent agir, le juge ne peut sanctionner leur inertie ; l'article LO 125 du Code électoral est clair : « Il est procédé à la révision des limites des circonscriptions, en fonction de l'évolution démographique, après le deuxième recensement général de la population suivant la dernière délimitation. » Conformément à l'usage français, l'indicatif « il est » n'a pas valeur impérative ; les recensements se succèdent, sur un rythme irrégulier et rien ne change malgré les indications qu'ils fournissent et les objurgations des ingénieurs institutionnels. En 2000, Guy Carcassonne (*Le Point* n° 1469) notait : « La grande banlieue parisienne ou des métropoles régionales importantes ont gagné de nouveaux habitants, tandis que Paris mais aussi certaines zones rurales en ont perdu. Tel député d'une circonscription très peuplée doit réunir, pour être élu, beaucoup plus de voix que tel autre, désigné en un lieu où la densité est bien moindre... le pis est que la situation s'aggravera fatalement. » À l'occasion des scrutins de 2002, le Conseil constitutionnel, saisi du problème par des électeurs, n'a pu que constater sa propre carence : l'article LO 125 n'a pas valeur constitutionnelle et ne contraint pas le législateur inerte. Juge de l'élection, le Conseil n'est pas juge de la loi électorale en vigueur ; il ne peut que « suggérer de revoir le découpage », qui repose sur les données d'un recensement qui date de plus de vingt ans.

On ne découpe pas au gré de sa fantaisie. La rubrique ici ouverte est celle que l'histoire politicienne américaine place sous l'étiquette du *gerrymander*. Elle date du début du XIXe siècle, 1812 exactement, et se résume en une obligation pesant sur l'auteur du découpage : ne pas céder à la tentation pourtant naturelle de favoriser ses amis et de punir ses adversaires quand il promène ses ciseaux dans la circonscription. Elbridge Gerry, gouverneur du Massachusetts, avait succombé à la tentation et découpé le comté d'Essex de telle manière qu'une circonscription avait la forme d'une salamandre quand on y ajoutait, par caricature, des griffes et des ailes ainsi qu'une gueule ; *« That do will for a salamander »*, plaisantait le dessinateur du journal ; *« better say a Gerrymander ! »* répliquait son patron. Grâce à ce découpage, les partisans du futé gouverneur emportèrent 29 sièges avec 50 164 suffrages, leurs adversaires n'en gagnant que 11 avec 51 766 voix. Le sobriquet est entré dans la boîte à outils des spécialistes en découpage électoral pour désigner toutes les circonscriptions artificiellement dessinées à des fins politiciennes en dépit du bon sens géographique qui devrait présider à l'opération ; ainsi en est-il du *gerrymander* concocté en 1927 dans la 1re circonscription législative des Bouches-du-Rhône ; pour permettre au maire d'Istres de se présenter avec quelques chances de succès, on rattacha le canton dont cette commune est le chef-lieu à ladite circonscription dont il était pourtant séparé par toute l'étendue de l'étang de Berre... et par la 2e circonscription (*cf.* fig. 3). Aux États-Unis, Michel Rosenfeld cite le cas d'une circonscription de Caroline du Nord", dessinée en vue d'assurer l'élection d'un candidat de race noire, « qui était un petit peu comme un test de Rorschach, étirée telle un serpent sur plus de 300 kilomètres, de la largeur d'une route sur une centaine de kilomètres – on disait que si on ouvrait les deux portes de la voiture on était dans trois circonscriptions différentes.

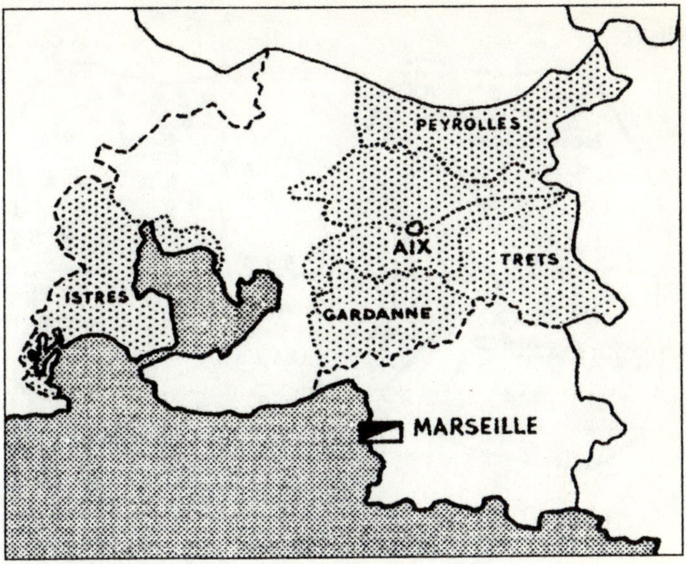


Limites : de département —, d'arrondissement ---, de canton ....

*Fig. 3. Gerrymander* d'Aix-en-Provence (1927).

Par structure, le *gerrymander* est l'enfant du scrutin majoritaire ; il s'agit d'une manipulation du découpage électoral visant à rassembler les votes favorables, à disperser les votes hostiles de telle manière que les premiers, minoritaires, emportent la majorité des sièges. Enid Lakeman, dans la fig. 4, en donne un exemple pertinent. Dans trois circonscriptions, deux découpages différents donnent des résultats totalement opposés à partir de données identiques : dans la configuration I, le parti A emporte les trois sièges ; ils sont gagnés par le parti B dans la configuration II.

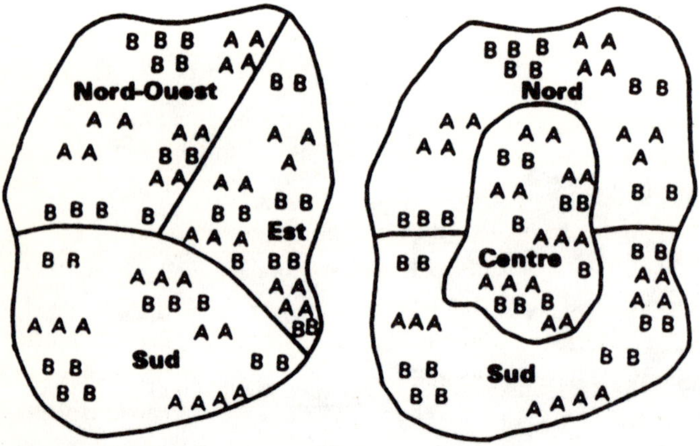


(a) (b)

*Fig. 4.* Théorie du *gerrymander*.

Souvent mise en œuvre aux États-Unis parce qu'il est difficile de la sanctionner, cette pratique a gagné l'Europe via l'Irlande et la France du Second Empire ; depuis la IIIe République, son usage s'atténue.

Aujourd'hui – multiculturalisme oblige – le regard porté sur le *gerrymander* n'est plus aussi sévère ; au contraire, il est volontiers admis qu'il puisse favoriser la représentation de minorités ethniques constituées en isolats qu'un autre découpage noierait dans le groupe majoritaire. Le « *gerrymander* ethnique » est ainsi conçu comme sauvegarde du pluralisme. Aux États-Unis, conforté par le soutien des associations de défense des droits civiques, le département de la Justice encourage alors la création de districts raciaux en s'appuyant sur le *Civil Rights Act* de 1964 et sur le 14e amendement ; le *gerrymander* ethnique est la bonne solution, qui embarrasse la Cour suprême (Shaw v/Reno, 509 US 630 [1993]), laquelle considère que de telles pratiques ne peuvent être autorisées que « si elles sont étroitement adaptées à la satisfaction d'un intérêt gouvernemental impérieux » ; en 1996 (Miller v/Johnson, 515 US 900), elle explique qu'un des moyens de satisfaire le test de constitutionnalité est de démontrer que la création du district est indispensable pour réparer le préjudice causé à l'électorat minoritaire par les discriminations passées. C'est un peu l'idée qui anime le législateur néo-zélandais lorsqu'il crée de toutes pièces quatre circonscriptions réservées au vote des Maoris : en 1975, les non-résidents de cette ethnie pouvaient demander à lui être rattachés.

Mais aussi généreuse que soit l'intention de qui tient les ciseaux, l'ombre de Gerry et de la salamandre de 1812 demeurent sur le découpage des circonscriptions. Car la taille, on devrait dire plus précisément le volume ou le poids démographique-électoral des circonscriptions est fondamental dans le rapport entre les suffrages obtenus et les sièges gagnés par les différents partis en compétition. Dans les années trente, observant les arrondissements de la III^e République, Georges Lachapelle effectuait régulièrement le « pèlerinage à Florac (Lozère) » pour déplorer que 22 338 habitants y élisaient un député, alors qu'il en fallait 137 718 – six fois plus – à Corbeil-Essonnes (Essonne). En 1981, rien n'avait changé ; alors que l'idéal démocratique aurait été que chaque circonscription comptât 72 375 électeurs, ils étaient 26 251 à Marvejols (Lozère) et 189 351 à Salon-de-Provence (Bouches-du-Rhône) ; les premiers étaient sept fois mieux représentés que les seconds et près de trois fois au-dessus de la norme idéale ; les seconds étaient plus de deux fois au-dessous de la norme. Quand on sait qu'à Marvejols l'élu est bleu alors qu'il est rouge à Salon, on imagine toutes les conséquences que le discours politique... rouge peut tirer de cette élémentaire constatation. C'est ce que nous avons qualifié à l'époque de « syndrome de Marvejols ».

La question a connu un regain d'attention de la part des faiseurs de système lorsque le recours à la représentation proportionnelle a été aménagé au sein de l'État-nation. On a dégagé dans les années soixante, à partir de calculs mathématiques simples appliqués à des résultats électoraux plus nombreux, une régularité tendancielle banale et irréfutable : plus le volume de la circonscription est large, plus le nombre de sièges qu'elle pourvoit est important, et forcément, plus nombreux sont les partis qui peuvent y gagner des élus. Le constat date de 1925 et du livre de Georges Orwell, *Proportional Representation, Its Dangers and Defects* (Allen & Urwin), dont les hypothèses furent reprises vingt ans plus tard par James Hogan (*Election and Representation*, Cork University Press, 1945), confirmées et systématisées par Douglas W. Rae dans une analyse comparative des systèmes électoraux, tels qu'ils ont fonctionné entre 1945 et 1965, menée dans vingt polyarchies ; sa thèse de doctorat est considérée aujourd'hui comme incontestable par les spécialistes les plus renommés – on pense ici à l'école de l'université de Californie à San Diego et à Irvine – et se trouve sur la table de travail de tous les spécialistes en ingénierie électorale. Nous le confirmerons plus loin en examinant les lois électorales françaises votées en 2003 et applicables aux élections régionales et européennes de 2004 ; on retiendra pour l'heure l'axiome de Lijphart : « Les deux plus importantes dimensions des systèmes électoraux, du point de vue de la représentation et du système de partis, sont la formule électorale et la dimension des circonscriptions *(district magnitude)*. »

Chapitre II

## Le temps : l'alternance électorale

Cette seconde contrainte retient l'attention dans des conditions qui varient... dans le temps et dans l'espace avec, nous semble-t-il, aujourd'hui, un souci de respecter un des prérequis des théories de la polyarchie : les élections doivent se succéder régulièrement, elles sont un élément capital de la respiration du système politique. L'idée n'est pas neuve, elle nous vient elle aussi des États-Unis où la Constitution impose un rythme biennal obligatoire, qui s'oppose au bon plaisir du prince, en vigueur à Westminster à l'époque. On se souvient que la même idée fut celle des constituants français de 1791 qui y ajoutèrent même la règle de la non-réégibilité, par méfiance à l'égard de la professionnalisation de la politique.

On sait aussi que cette dernière l'a emporté partout sur la jurisphère ; tous ceux qui ont conquis une part du marché, aussi modeste soit-elle, cherchent à la conserver comme rente de situation sous la forme d'un fief électoral. « J'y suis, j'y reste. » L'histoire politique est pleine de ces péripéties, parfois de ces crises de régime provoquées par la tendance toute naturelle de l'être à persévérer dans l'être. Les coups d'État de Badinguet en 1851, de Chavès ou de Fujimori hier encore, les plébiscites de Duvalier, de Ben Ali ou d'Eyadema s'octroyant la présidence à vie sans pudeur ou par bribes : des accidents dus aux balbutiements de la démocratie dira-t-on sans chercher à convaincre.

Plus sérieusement, on devrait s'attacher à observer et tenter d'expliquer le phénomène d'alternance au pouvoir ; le système électoral en est incontestablement un frein ou un accélérateur. Et un degré supplémentaire dans l'analyse politique devrait soulever la question de l'intrusion des procédures référendaires dans le système électoral.

Le constitutionnalisme classique séparait soigneusement les champs d'intervention des unes et de l'autre par l'opposition entre deux types de procédure : semi-directe et représentative. Et si, parmi les premières, il distinguait le référendum du plébiscite c'était, en France, à partir d'un contresens ; une lecture du droit indique qu'ils se situent à des niveaux différents, législatif pour le premier, constituant pour le second. La malencontreuse pratique de Bonaparte brouillait les enjeux. Par le référendum, nous expliquait-on avant 1958, le citoyen vote pour ou contre un texte (dont la nature juridique importe peu) ; par le plébiscite, il ratifie (toujours) ou refuse (jamais) la prise de pouvoir par un homme qualifié de César. Parfois de façon claire et franche – en Russie en 1993 : « Faites-vous confiance au président Eltsine ? », ou en Irak en 1995. Parfois par le biais d'un texte de ratification d'une loi (en Allemagne en 1935 : « loi sur le plébiscite ») ou d'un sénatus-consulte (en France, sous le Premier et le Second Empire).

La pratique plébiscitaire de la dissolution et du référendum gaulliens, en forme d'appels au peuple, nous convainc de les insérer dans le système électoral sur lequel leur action est loin d'être négligeable. La question de confiance qu'ils intègrent – si vous répondez « oui », me voilà conforté dans l'action ; si vous répondez « non », je me retirerai dans mon petit village pour y mourir de chagrin – renouvelle ou écourte la durée du mandat des acteurs concernés et, du même coup, les contraint à demeurer en permanence sur le pied de guerre, prêts à entrer en campagne, au risque, sinon, de se trouver désarçonnés – le RPR en 1997 –, voire hors jeu pour un temps ou définitivement. On comprend aussi pourquoi, du même coup, les entreprises politiques apprécient très peu ces procédures qui brisent le rythme routinier du marché. Et qui, par surcroît, mettent en évidence leur faiblesse : jusqu'en 1990, le Parlement français a été incapable de donner à la Nouvelle-Calédonie un statut acceptable pour deux communautés antagonistes. La solution référendaire trouvée à ce moment par le Premier ministre Michel Rocard a au moins un avantage : ce que le peuple a fait – même par « un oui franc et poussif » –, le Parlement n'est plus politiquement en mesure de le défaire ; la loi est quasi constitutionnelle, intouchable.

# Quatrième partie

# La transaction électorale : les modes de scrutin

La nature du régime politique commande le mode de scrutin ; la démocratie parlementaire repose sur la notion de représentation. Dans *Le Concept de représentation au XVIII*^e^ *siècle*, John Roels définit ainsi la représentation : « une composition binaire, c'est-à-dire l'existence de deux éléments ou de deux groupes d'éléments entre lesquels il existe une certaine relation à la fois juridique et sociologique de similitude ou de connexion ». En un mot, la représentation repose sur la confiance. Sieyès l'a maintes fois rappelé, sans la confiance il n'existe pas de représentation et sans représentation il n'existe pas de régime représentatif.

Pour renforcer cette confiance, une majorité stable était naturellement considérée comme nécessaire. Elle-même s'accommodait de régimes électoraux à caractère majoritaire mâtinés parfois de plusieurs tours et de dispositions plus ou moins ingénieuses pour éliminer les intrus susceptibles de porter atteinte à la cohésion de la majorité coalisée.

Cette notion de représentation a été remise en cause avec l'élargissement du collège électoral et l'effervescence d'une grande pluralité d'opinions. C'est alors que l'on voit apparaître la notion de représentativité : les différentes fractions de la population souhaitent se voir représenter au Parlement. Pour y parvenir on a recours aux partis politiques et à la représentation proportionnelle comme mode de scrutin. Le parti doit assurer la médiation entre le député et ses électeurs à travers un programme. La RP assure quant à elle le pluralisme des opinions. Mais les partis privilégient les intérêts électoraux au détriment de l'intérêt général et la RP donne naissance à des gouvernements chaotiques et éphémères. Bref, la démocratie parlementaire est en péril.

Dès lors vont s'affronter deux notions qui se réclament toutes deux de la démocratie représentative. La première s'appuie sur la représentation, la confiance, la majorité stable et le scrutin majoritaire. La seconde privilégie le pluralisme des opinions garant d'une vraie démocratie polyarchique et recourt nécessairement aux scrutins proportionnels. Par conséquent, au-delà des arguments partisans développés au cours des débats sur les lois électorales, il convient de revenir aux notions fondamentales et de s'interroger pour savoir si, aujourd'hui, représentation et représentativité, qui sont par nature antagonistes, peuvent désormais coexister au plus grand profit de la démocratie parlementaire. En effet, à côté d'une légitimité électorale cohabite une légitimité cathodique ; il suffit de les associer intelligemment. Pour réhabiliter la confiance et la « bonne représentation », le système électoral doit favoriser l'émergence d'un nombre réduit de partis. À cette fin, il convient de recourir à des mécanismes électoraux qui renforcent les partis majoritaires au détriment des partis collatéraux ; on en verra plus loin quelques modalités. En revanche, pour assurer la représentativité des divers courants d'opinion de plus faible audience, le recours aux médias audiovisuels s'impose, comme le rappelle le Conseil constitutionnel dans une décision du 18 septembre 1986 : « La libre communication des pensées et des opinions garantie par la Déclaration des droits de l'homme et du citoyen de 1789 ne serait pas effective si le public auquel s'adressent les moyens de communication audiovisuelle n'était pas à même de disposer de programmes qui garantissent l'expression de tendances à caractères différents. »

Il ne restait plus à la loi du 30 septembre 1986 qu'à codifier l'expression du pluralisme grâce aux émissions de télévision d'expression directe. Ces émissions sont quasiment inconnues du grand public, elles passent à des heures indues et ne concernent que les partis déjà représentés au Parlement. Cette loi mériterait d'être corrigée : le temps d'antenne devrait être accordé à tous les partis, représentés ou non au sein d'assemblées parlementaires en fonction du nombre de suffrages obtenus aux différents scrutins. Quant à la programmation télévisuelle de ce mode d'expression, elle devrait bénéficier d'horaires plus favorables. Ainsi, les petits partis auraient tout le loisir d'exprimer leurs critiques et leurs idées plutôt que de courir vers une représentation minoritaire au sein d'assemblées qui les asphyxient. Moins utopique et techniquement plus facile à mettre en œuvre, l'aménagement du bicaméralisme : à côté de la chambre du pouvoir normatif, on peut imaginer une seconde assemblée conçue comme la chambre des tribuns, au sein de laquelle se feraient entendre toutes les voix des groupes qui ont quelque chose à dire. L'idée n'est pas neuve ; c'est celle qu'exprimait le Tribunat de l'An VIII, mais aussi le projet de réforme du Sénat avorté de 1969, que l'on retrouve dans une page d'Olivier Duhamel vingt ans après : à ses yeux, le Sénat est une assemblée inutile dans sa composition et ses fonctions actuelles. Élu intégralement à la RP, il pourrait remplir une fonction autrement précieuse de contre-pouvoir tribunitien que la télévision parlementaire ne remplit aujourd'hui qu'imparfaitement.

Ainsi pourrait-on réconcilier représentation et représentativité ; la première pour assurer stabilité et cohérence des gouvernements, la seconde pour favoriser la critique et le dynamisme résultant de la pluralité des courants de pensées et d'opinions. Ainsi faisant, la démocratie parlementaire, en associant légitimité électorale et légitimité cathodique, pourrait plus efficacement entrer dans le XXIe siècle.

Pour l'heure, la question ici posée est fondamentalement celle du mode de scrutin ; à son propos, il est banal de relever l'ambivalence du discours, donc du vocabulaire politique, volontiers « attrape-tout » *(catch all)*, car il vise plus souvent la convergence que l'antagonisme. À ce dernier, on consacrera les propos dits révolutionnaires ou « de rupture » dont on sait qu'ils ne cherchent pas à convaincre mais à mobiliser un auditoire déjà convaincu ; l'agressivité, même contenue, en est la ligne directrice. L'adhésion, le racolage transparaissent dans des discours de rassemblement, d'apaisement, d'évacuation des conflits ou des tensions. Le locuteur politique habille son message du vêtement qu'il cherche à revêtir lui-même et qu'il est possible de nuancer en tenant compte de sa propre subjectivité, de sa personnalité. Vision volontariste et contestée du mandat. Plus souvent, et très généralement aujourd'hui, il le construit selon les attentes des électeurs-récepteurs, de la fonction qu'ils envisagent de lui assigner. On a dit l'évolution de ces attentes telles que la notion de mandat permet de les repérer dans l'histoire : représentation aux origines, gouverne à partir de l'essor du parlementarisme flamboyant des années 1850, qui voit les assemblées représentatives s'emparer du processus décisionnel en Europe occidentale, ou, à partir de l'essor du présidentialisme ou du populisme outre-atlantique, qui voit l'administration – l'appareil bureaucratique weberien – concentrer le pouvoir entre les mains de « la présidence impériale ». Surtout, le jeu magique et fragile des alternances politiques entre pouvoir et contre-pouvoir des *checks and balances,* en anglais dans le texte, provoque une équivoque permanente dans la perception des enjeux : parfois tout est clair, le scrutin présidentiel investit un gouvernant, un pilote (*helmsman* chez Karl Deutsch) ; mais l'élection parlementaire, si elle investit une majorité de gouvernement, confie dans le même temps à une ou des oppositions le soin de contrôler, de freiner l'action du gouvernement, une fonction tribunitienne de défense de la minorité.

Le problème fondamental des modes de scrutin est alors de combiner ces deux fonctions *a priori* inconciliables : pilote ou tribun ? Dans le premier cas, on imagine que l'accent soit mis sur le principe de majorité, dans le second, on imagine que priorité soit donnée au principe de proportionnalité. La réalité vécue est plus opaque, au risque de déformer l'image que l'électeur-consommateur perçoit. La perspective didactique contraint à grossir le trait, mais sans autoriser à oublier les nuances sur le bord de la route. Et elles sont aussi nombreuses que la construction polyarchique de la société l'exige. Aussi nombreuses également que les changements dans le rapport des forces politiques l'exigent et la propension qui les anime à changer les règles du jeu en fonction de l'état du marché. En France, « l'inexpérience constitutionnelle », c'est aussi, aujourd'hui encore, l'instabilité des normes électorales qui provoque parfois le désarroi de l'électeur (et les poussées de fièvre abstentionniste) : « Dans la boîte à joujoux parlementaire, le jeu le plus instructif et le plus savant, celui qui est recommandé pour les jours de pluie et les longs après-midi de vacances, c'est la loi électorale. Le Parlement vote une loi électorale presque à chaque législature, avec l'espoir, souvent déçu d'ailleurs, d'assurer par ce biais la réélection des sortants » (Muselier). On joue : le Parti socialiste s'était fermement prononcé en 1911 pour la représentation proportionnelle intégrale, et telle a été la doctrine officielle du parti jusqu'en 1955. Cependant, en 1927, les socialistes se sont alliés avec le Parti radical pour imposer à la droite le scrutin majoritaire. En 1949, le général de Gaulle condamnait le scrutin d'arrondissement en termes vigoureux : « Je ne vois pas que ce scrutin ait donné à la politique, entre les deux guerres, cette grande netteté, cette grande fermeté, cette grande continuité dont on veut l'orner. » Pourtant, en 1958, revenu au pouvoir, il arbitra en faveur d'un retour à ce mode de scrutin auquel s'opposait Michel Debré et que préconisaient... les socialistes.

Autres temps, mêmes mœurs, les 110 propositions pour la France du candidat François Mitterrand appelaient en 1981 un mode de scrutin proportionnel pour toutes les élections quelles qu'elles soient. En 1985, il ne s'agissait plus que de l'instiller. En 1999, il n'en est plus question que pour... moderniser le Sénat !

Les préoccupations des théoriciens du droit politique se situent à un niveau plus élevé. Elles sont apparues au début du XX^e^ siècle, en France, lorsque Léon Duguit, Adhémar Esmein, Maurice Hauriou et Joseph-Barthélemy polémiquaient pour ou contre la représentation proportionnelle ; ses partisans mettaient en avant l'idée de justice dans la représentation des composantes de la démocratie pluraliste, ses adversaires estimaient que « la loi de la majorité est une de ces idées simples qui se font accepter d'emblée », alors que la représentation proportionnelle était à leurs yeux tout à la fois « une illusion et un faux principe ». Aujourd'hui, alors que les partis favorables au scrutin majoritaire se recrutent naturellement dans le lot des partis de gouvernement et les partisans de la RP dans celui des partis minoritaires ou antisystème, nos collègues n'ont plus guère d'états d'âme. Ceux qui, rares, militent pour la RP s'abritent derrière le comparatisme : elle est en vigueur à peu près partout en Europe ; alors, pourquoi pas chez nous ? Les autres plaident autour de l'idée de bonne gouvernance, d'efficacité contrôlée du système polyarchique.

Chapitre I

# Les scrutins majoritaires : la représentation

## La définition du scrutin majoritaire

Il s'agit d'un mode de scrutin au terme duquel le candidat qui obtient le plus grand nombre de suffrages est proclamé élu. Cela posé, les variantes possibles sont multiples.

Le scrutin majoritaire peut être *uninominal* ou *plurinominal.* Dans le premier cas, il y a un seul siège à pourvoir ; dans le second, on demande aux électeurs de désigner plusieurs élus en même temps. Le scrutin majoritaire uninominal est utilisé, par exemple, pour les élections à l'Académie française et à la Chambre des communes britannique. Le scrutin plurinominal, plus rare, existe au Chili, en Thaïlande, en France pour les élections sénatoriales ou municipales, et, pendant longtemps, a été utilisé en Turquie pour les élections législatives. Mais, à ce niveau encore, une différence apparaît : en Turquie, les électeurs ne pouvaient se prononcer qu'entre les différentes listes de candidats qui leur étaient proposées, sans qu'il leur soit possible de les modifier (c'est ce qu'on appelle les listes bloquées). Au contraire, en France, les grands électeurs sénatoriaux et les électeurs municipaux, dans les communes de moins de 3 500 habitants, peuvent « panacher » les listes, c'est-à-dire en modifier le contenu comme ils l'entendent ; leur liberté d'appréciation est plus grande.

Mais la distinction essentielle concerne le nombre de tours de scrutin.

Dans le *scrutin majoritaire à un tour*, le candidat élu est celui qui a obtenu le plus de voix, sans qu'il soit tenu compte du fait que la majorité des électeurs ne s'est pourtant pas prononcée en sa faveur.

Imaginons le résultat suivant :

| Suffrages exprimés | 100 000 |
|---|---|
| Ont obtenu : | |
| Dupont | 30 000 Élu |
| Duval | 25 000 |
| Durand | 20 000 |
| Dutronc | 15 000 |
| Dubois | 10 000 |

Dupont est élu, alors que moins du tiers des électeurs ont voté en sa faveur : il est l'élu d'une minorité.

Dans le *scrutin majoritaire à deux tours*, on cherche à dégager l'élu d'une majorité d'électeurs grâce au système du ballottage. Au premier tour, ne seront proclamés élus que les candidats ayant obtenu la majorité absolue des suffrages exprimés, c'est-à-dire plus de la moitié comme dans l'exemple suivant :

| Suffrages exprimés | 100 000 |
|---|---|
| Ont obtenu : | |
| Leblanc | 50 001 Élu |
| Lenoir | 35 000 |
| Lerouge | 14 999 |

Si aucun candidat n'a obtenu la majorité absolue des suffrages, on procède à un second tour, au terme duquel la majorité relative est seule requise. Pourquoi alors ne pas faire l'économie de ce second tour ? Ce type de scrutin est adapté à une société où le pluralisme des partis ne doit pas exclure toute possibilité de gouvernement : le premier tour donne une photographie précise de l'état de l'opinion et du rapport des forces politiques. Au deuxième tour – dit « scrutin de ballottage » –, à la suite de retraits et de désistements, donc de marchandages parfois douteux, le choix de l'électeur est forcément plus limité, ce qui explique que les professionnels de la politique suggèrent de voter « pour » au premier tour et « contre » au second, selon la formule classique : « Au premier tour on choisit, au second tour on élimine. »

Le *vote alternatif* ou *préférentiel* est une modalité de scrutin majoritaire qui combine en un seul tour les effets des deux tours. Il est utilisé en Australie et le fut un certain temps au Canada. Chaque électeur vote pour un candidat, mais, en même temps, il indique les autres candidats qui ont sa deuxième préférence, troisième préférence, etc., jusqu'à épuisement du nombre de candidats en présence. Si un candidat obtient la majorité absolue des voix en première préférence, il est proclamé élu. Dans le cas contraire, on élimine le candidat qui a le moins de premières préférences, tout en tenant compte des deuxièmes préférences indiquées sur ses bulletins. Les deuxièmes préférences sont reportées sur les autres candidats. Si aucun candidat n'a obtenu la majorité, on passe aux troisièmes préférences et ainsi de suite.

Exemple. Soit une circonscription où il y a un siège à pourvoir, quatre candidats et 50 000 suffrages exprimés ; la majorité absolue est de 25 001 suffrages. On imagine que les bulletins donnant les premières préférences aboutissent au résultat suivant :

Brown : 20 000 ; Black : 14 000 ; White : 10 000 ; Green : 6 000.

On répartit les 6 000 bulletins de Green en tenant compte des secondes préférences qui y sont indiquées, soit, par hypothèse :

Brown : 5 500 ; Black : 400 ; White : 100.

On ajoute ces voix aux premières préférences, et Brown est élu avec 25 500 voix contre 14 400 à Black et 10 100 à White.

Ce système permet de dégager immédiatement l'élu de la majorité tout en permettant aux électeurs de nuancer leurs préférences : un seul tour de scrutin pour choisir et pour éliminer. Il présente cependant un inconvénient grave sur le plan de la moralité : les candidats des petits partis peuvent monnayer les consignes de vote qu'ils donnent aux électeurs pour la rédaction de leurs bulletins.

**Les applications du scrutin majoritaire**

Ce mode de scrutin connaît ses applications les plus nombreuses dans sa variante à un seul tour ; en effet, la plupart des pays anglo-saxons utilisent cette formule qu'ils ont importée de Grande-Bretagne où elle est en vigueur depuis que Simon de Montfort, ayant fait prisonnier le roi Henri III en 1265, demanda au nom de celui-ci à chaque comté d'élire deux chevaliers, et aux principaux bourgs d'élire deux bourgeois qui devaient se rendre au Parlement. Lorsqu'ils acquirent leur indépendance, les États-Unis puis la plupart des États du *Commonwealth* imitèrent l'ancienne métropole – Bangladesh, Canada, Malawi, Népal, Pakistan, Zambie, mais également Philippines. Il en fut ainsi de l'Inde, en 1947, alors même que le fractionnement ethnique s'ajoutait à des particularismes locaux extrêmement vifs.

Plus sensibles au fait majoritaire, les Français ont, dès la Révolution, marqué leur préférence pour un mode de scrutin à plusieurs tours, permettant à l'élu de représenter la majorité des électeurs de la circonscription. À partir de la IIe République, et jusqu'en 1945 – hormis la période 1919-1927 –, la France a utilisé le scrutin majoritaire à deux tours. À certains moments, il s'est agi d'un scrutin de liste départemental (1848, 1871-1875, 1885-1889) ; d'une manière plus générale, il s'est agi du scrutin d'arrondissement, uninominal dans le cadre des arrondissements administratifs. Depuis 1958, le nombre de députés à élire étant inférieur à celui des arrondissements qui ont, par surcroît, perdu toute signification sociale, le scrutin se déroule dans des circonscriptions regroupant des cantons et des communes.

Par ailleurs, on a cherché, par une loi du 29 décembre 1966 rendue plus sévère encore en 1976, à réduire le nombre des candidats pouvant se présenter au second tour de manière à favoriser les « duels », donc le franchissement par le candidat élu du seuil des 50 %. Le même souci de fonder l'autorité de l'élu sur la majorité absolue des électeurs se retrouve dans l'aménagement de l'élection présidentielle « à la française » depuis la loi organique du 28 octobre 1962 : si aucun candidat n'a obtenu la majorité absolue au premier tour de scrutin, il est procédé à un second tour auquel ne peuvent se présenter que les deux candidats qui, le cas échéant après le retrait de candidats plus favorisés, se trouvent avoir recueilli le plus grand nombre de suffrages au premier tour. La formule a connu un incontestable succès auprès des spécialistes en ingénierie constitutionnelle : elle est appliquée dans la majeure partie des États d'Afrique noire francophone, dans une bonne moitié des États ex-socialistes d'Europe centrale et orientale, dans la quasi-totalité de l'ex-URSS (l'Estonie et la Lettonie font seules exception) et de plus en plus en Amérique latine, avec, parfois, quelques amodiations : 40 %

des suffrages au Costa Rica, 45 % en Argentine ou au Nicaragua suffisent pour être élu dès le premier tour de scrutin.

**Avantages et inconvénients du scrutin majoritaire**

L'avantage éventuel de ce mode de scrutin réside dans sa simplicité, encore que certaines variantes comme le vote alternatif ou le panachage exigent un effort de la part de l'électeur et une grande éducation civique. Cette simplicité conduit le plus souvent à une stabilité du gouvernement issu des élections. Mais cette relation entre mode de scrutin et stabilité gouvernementale n'est pas évidente, et l'on verra plus loin cette controverse. En revanche, on peut mettre au crédit du scrutin majoritaire une meilleure connaissance des candidats par les électeurs, surtout quand le scrutin est uninominal et les circonscriptions peu peuplées. De ce point de vue, il est possible de dire que l'élu représente vraiment ses électeurs : il les connaît, eux et leurs préoccupations, et exprime très valablement leurs revendications et leurs opinions. Au point de vue politique, il est un parfait baromètre.

Dans une certaine mesure, enfin, il atténue l'influence des partis dans la désignation des candidats dont la personnalité, au sein de circonscriptions naturellement étroites, peut être aussi importante que l'investiture partisane dont ils bénéficient.

Les inconvénients sont à la mesure de sa simplicité : le scrutin majoritaire est injuste et souvent immoral. L'injustice est flagrante dans le cas du scrutin majoritaire à un tour.

Soit, en effet, trois circonscriptions, A, B, C, au sein desquelles droite et gauche obtiennent respectivement les résultats suivants :

| Partis | Circonscriptions A | B | C | Résultats |
|---|---|---|---|---|
| Droite | 30 000 | 5 000 | 20 000 | 2 élus |
| Gauche | 5 000 | 60 000 | 10 000 | 1 élu |

Le parti de droite obtient 2 élus avec un total de 55 000 voix et le parti de gauche 1 élu avec 75 000 voix. En Grande-Bretagne, lors des élections de février 1974, on a pu calculer qu'il avait fallu 35 915 électeurs pour désigner un député travailliste, 37 771 pour élire un député conservateur et 411 288 pour choisir un député libéral. En 1997, avec 43,2 % des suffrages exprimés, le Parti travailliste emporte 64 % des sièges de la Chambre.

Fort heureusement, la plupart du temps, les déformations dans les circonscriptions se compensent au niveau national, les partis étant tour à tour avantagés et désavantagés. Mais il est arrivé des cas où un parti minoritaire dans l'opinion était majoritaire au Parlement. Ainsi en a-t-il été en Nouvelle-Zélande : à deux reprises, en 1978 et en 1981, le parti majoritaire en voix s'est trouvé minoritaire en sièges ; le même accroc s'est produit au Québec en 1998.

Le phénomène est encore plus important dans le cas d'un scrutin majoritaire de listes bloquées : en Turquie, en 1954, le Parti démocrate a obtenu 93 % des sièges avec 58 % des suffrages. Le point limite est atteint à Maurice : aux élections de juin 1982, le MMM (Mouvement militant mauricien), arrivé en tête dans les 60 circonscriptions, emporte la totalité des 60 sièges à pourvoir. Il réédite l'exploit en décembre 1995 : allié au Parti travailliste, il rafle 100 % des sièges avec 65,2 % des suffrages. Il n'y a plus d'opposition parlementaire. À Djibouti, en janvier

2003, les premières élections multipartites ne l'ont été qu'au niveau des candidatures ; les 65 sièges en compétition ont tous été remportés par l'Union pour la majorité (UPM) qui a recueilli 62 % des suffrages. Il n'y a pas encore d'opposition parlementaire.

Cette injustice dans la représentation a fait l'objet d'une systématisation en Grande-Bretagne où elle est facilitée par le bipartisme. La loi du cube *(Cube law)* peut s'exprimer ainsi : le rapport des sièges gagnés par chaque parti est égal au cube du rapport des suffrages qu'ils ont obtenus. Elle s'applique dans tout système électoral majoritaire à un tour, à condition qu'il n'y ait que deux partis – ou coalitions de partis – en présence : si le rapport du nombre de voix entre le parti a et le parti b est de Va/Vb, le rapport du nombre de sièges obtenus sera $Va^3/Vb^3$, les suffrages du parti vainqueur étant désignés par Va et ceux du parti vaincu par Vb.

Si on applique cette loi aux élections britanniques de 1959, on constate qu'elle se vérifie presque parfaitement : ces élections avaient été gagnées par le Parti conservateur avec 49,3 % des suffrages exprimés, les travaillistes en obtenant 43,9 %. Le rapport Va/Vb est donc : 49,3/43,9 = 1,123.

Élevé au cube, il devient :

$$\frac{Va^3}{Vb^3} = \frac{49{,}3^3}{43{,}9^3} = \frac{119\,823}{84\,604} = 1{,}416$$

Le rapport des sièges effectivement obtenus est de 365/258 = 1,415.

Aujourd'hui, la loi s'applique moins bien, au point que David Butler la qualifie désormais de « loi du carré » *(Square law)* ; en 1970, le cube du rapport entre les voix était de 1,25, et le rapport entre les sièges n'était que de 1,14. En février 1974, aucun des deux grands partis n'a obtenu la majorité absolue des sièges à la Chambre des communes. Mais ces exceptions sont liées à une remontée du Parti libéral (7,5 % des suffrages exprimés en 1970, 19,3 % en février 1974), et surtout à l'apparition de partis régionaux, écossais et gallois, qui brisent par endroits l'homogénéité sociale du pays, condition nécessaire à la réalisation de la loi du cube.

En tout état de cause, cette dernière aboutit à une forte surreprésentation du parti qui a gagné les élections, puisqu'un faible écart entre les suffrages aboutit à une nette majorité parlementaire ; au Québec, en 1994, les écarts sont, en pourcentage de suffrages, de 0,35 % ; en pourcentage de sièges de 24 %.

Le scrutin majoritaire à deux tours aboutit, lui aussi, à de fortes inégalités de représentation. Sous la III$^{e}$ République déjà, Georges Lachapelle déplorait la surreprésentation des partis radical et socialiste à l'issue des élections de 1932 qui aboutirent à une victoire du Cartel des gauches grâce à un appoint de 61 sièges, dû au report des voix communistes au second tour. Le même auteur constatait en 1936 que les 598 députés élus ne représentaient que 46,3 % du corps électoral et que l'équilibre des forces au sein du Front populaire ne reflétait pas la réalité, les communistes ayant 72 députés pour 1 500 000 suffrages, alors que les radicaux- socialistes avaient 106 élus avec 100 000 voix de moins.

Sous la V$^{e}$ République, la même cause produit les mêmes effets : en 1958, le Parti communiste obtenait 10 sièges avec 3 882 000 suffrages – chacun de ses députés représentait alors 388 200 électeurs en moyenne – alors que l'UNR en obtenait 189 pour 3 604 000 voix – un député pour 19 100 électeurs. En 1993, plus de 23 % des suffrages exprimés qui se sont portés sur des candidats écologistes ou du Front national n'élisent aucun député, sont littéralement annulés. En 1997, 15 % des suffrages obtenus par le Front national au premier tour sont récompensés par un siège gagné au second ; son titulaire, maire de Toulon, se dira, non sans bon sens, « l'élu de quatre millions de Français » ! En 2002, l'Union pour la majorité présidentielle, avec 33 % des suffrages exprimés au premier tour des législatives, emporte à elle seule plus de 62 % des sièges au Palais-Bourbon.

Cette injustice dans la représentation est d'autant plus forte que le nombre de sièges pourvus à l'issue du premier tour (soit à la majorité absolue) est plus faible. En effet, le scrutin de ballottage est précédé de désistements et de retraits des candidats mal placés, et les affrontements du second tour n'opposent souvent que deux candidats. Certaines forces politiques sont alors mal ou trop bien représentées : en 1968, le Parti communiste obtient 20 % des suffrages et 7 % des sièges, alors que la coalition UDR-Républicains indépendants, pour 44 % des suffrages, gagne 70 % des sièges ; en 1981, avec 50 % des suffrages au « tour décisif » – celui où le siège est pourvu –, la gauche non-communiste emporte 62 % des sièges.

Enfin, on a pu reprocher au scrutin uninominal de favoriser la constitution de véritables fiefs électoraux – accentuée par le possible cumul des mandats – qui aboutit à une cooptation du successeur par son détenteur. Il y eut sous la IIIe République de véritables dynasties politiques dans la France rurale, qui se perpétuent encore de nos jours au niveau des conseils généraux ou municipaux : le fils ou la veuve éplorés succèdent au père ou à l'époux regrettés.

## CHAPITRE II

# La représentation proportionnelle : la représentativité

### La définition de la représentation proportionnelle

Elle procède de l'objectif qu'elle poursuit : attribuer à chaque parti ou à chaque groupement d'opinion un nombre de mandats proportionnel à sa force numérique. Cette idée se trouve exprimée chez Aristote, Mirabeau et Condorcet, en bref par tous les auteurs libéraux pour lesquels l'assemblée des représentants doit être un microcosme, une réduction parfaite du corps des représentés, exprimant toutes les variétés, toutes les nuances physiques, idéologiques, économiques du corps social considéré. Il a fallu, toutefois, attendre la seconde moitié du XIXe siècle pour que cette louable intention, entretenue par Victor Considérant, retienne l'attention des mathématiciens. Le premier fut le Danois Care Andrae, professeur puis ministre des Finances, qui fit intégrer ce mode de scrutin dans la Constitution de 1855 pour l'élection au *Landsthing* (Chambre haute). À la même époque, un avocat de Londres, Thomas Hare, publiait une brochure intitulée *Le mécanisme de la représentation proportionnelle*, qui fit l'objet de vives polémiques auxquelles Stuart Mill participa avec fougue, sans pouvoir obtenir l'abandon du système *the first past the post* (le premier arrivé gagne).

C'est à partir de la Belgique que la question fut reprise, quelques années plus tard, dans les milieux catholiques favorables à l'expression des pluralismes, et qui par surcroît voulaient « sauver » le Parti libéral fortement menacé par le Parti socialiste. À la demande du ministre de la Justice Van den Heuven, Victor d'Hondt, professeur de droit civil à l'université de Gand, féru de mathématiques, inspira un projet de loi électorale qui fut adopté le 30 novembre 1899. À ce moment, un certain nombre d'hommes politiques français se regroupèrent, sous la présidence d'Yves Guyot, au sein d'une « Ligue pour la RP ». De son côté, *La Revue de Paris*, dirigée par Ernest Lavisse, entama une campagne contre le scrutin d'arrondissement dont elle dénonçait les abus : son directeur fut à l'origine de la création d'un « Comité républicain de la RP », qui rédigea un programme soumis aux candidats aux élections législatives de 1910. En Grande-Bretagne, la *Proportional Representation Society* militait dans le même sens.

Il s'en est suivi, au terme de la Première Guerre mondiale, une sorte d'engouement pour ce mode de scrutin dans l'Europe occidentale, éprise de justice, égalitariste, favorable à la primauté des idées sur les hommes et au gouvernement d'opinion. Après la Première Guerre mondiale, la vague déferle sur l'Europe occidentale, en Allemagne, aux Pays-Bas, en Tchécoslovaquie, en Italie, en Suisse, etc. Les mouvements socialistes, favorables à ce mode de scrutin qui devait, espéraient-ils, les aider à conquérir pacifiquement les organes du pouvoir, étaient devenus assez puissants pour l'imposer. Les difficultés que présente ce mode de scrutin n'avaient pas semblé suffisantes pour justifier qu'on y renonçât.

### Les mécanismes de représentation proportionnelle

L'idée fondamentale de la RP est d'assurer à chaque parti politique une représentation sinon mathématique, du moins sensiblement proportionnée à son importance électorale réelle. Chacun d'entre eux est alors appelé à dresser une liste de candidats comptant autant de noms qu'il y a de sièges à pourvoir, soulevant successivement deux questions concernant :

*La répartition des sièges entre les listes*

Ici se pose la première distinction entre RP dans le cadre national et RP dans le cadre de circonscriptions locales.

*La RP intégrale :* Elle consiste à choisir comme cadre de l'élection une circonscription unique. Les listes qui s'affrontent sont alors nationales. Le quotient électoral (Q) est déterminé pour l'ensemble du pays en divisant le total des suffrages exprimés (Se) par le total des sièges à pourvoir (Sp) : avec 50 millions de suffrages exprimés et 500 sièges à pourvoir, le quotient national (Q = Se/Sp) est de 100 000. Autant de fois les listes auront obtenu le quotient, autant de fois un siège leur sera attribué. C'est le système tout simple appliqué aujourd'hui en Israël.

Dans l'Allemagne de Weimar, la loi électorale du 27 avril 1920 prévoyait un système voisin, dit système « badois », du nom du *land* où il prit naissance. Les partis présentaient des listes à l'intérieur des circonscriptions territoriales et des listes nationales. Chaque représentant au *Reichstag* était élu par le même nombre de suffrages, fixé d'avance à 60 000. Chaque liste de parti avait droit à autant de sièges que la somme de ses suffrages contenait de fois le nombre unique. Les restes obtenus par chaque liste au plan local étaient centralisés à Berlin et attribués aux listes nationales de partis, de manière à ce que chacun ait son dû.

Exemple. Dans une circonscription, un parti obtient 150 000 voix : le quotient étant de 60 000, ce parti se voit attribuer 2 sièges et il lui reste 30 000 voix. Supposons que ce parti ait d'autres voix inemployées dans d'autres circonscriptions, soit au total 600 000 voix. Dans le cadre national, 10 sièges supplémentaires lui seront attribués.

*La RP approchée :* La représentation proportionnelle va de pair avec les grands nombres. En revanche, elle se trouve à l'étroit dans le cadre étriqué des circonscriptions restreintes. En effet, quand le nombre de suffrages exprimés est peu élevé, le rapport *Se/Sp* peut donner un quotient électoral supérieur aux voix obtenues par la plupart des partis. Comme il est impossible de diviser un siège, on est alors obligé de recourir aux approximations. Le problème peut être formulé de la manière suivante :

Dans une circonscription électorale il y a 5 sièges à pourvoir pour 200 000 suffrages exprimés. Quatre listes de partis sont en présence et ont obtenu respectivement :

| | |
|---|---|
| Parti A | 86 000 |
| B | 56 000 |
| C | 38 000 |
| D | 20 000 |

Comment attribuer les 5 sièges aux quatre partis en présence ? Plusieurs solutions peuvent être envisagées :

1) Première solution : *la RP avec attribution des sièges aux plus forts restes.*

Dans un premier temps, on calcule le quotient électoral en divisant le nombre de suffrages exprimés par le nombre de sièges à pourvoir ; il s'agit du quotient de Hare :

$$Q = \frac{Se}{Sp} = \frac{200\ 000}{5} = 40\ 000$$

On divise ensuite le nombre de suffrages obtenus par chaque parti par le quotient électoral, et on attribue à chacun autant de sièges qu'il a atteint de fois le quotient :

$$\text{Parti A} : \frac{86\,000}{40\,000} = 2 \text{ sièges}$$

$$\text{Parti B} : \frac{56\,000}{40\,000} = 1 \text{ siège}$$

$$\text{Parti C} : \frac{38\,000}{40\,000} = 0 \text{ siège}$$

$$\text{Parti D} : \frac{20\,000}{40\,000} = 0 \text{ siège}$$

Trois sièges sont ainsi attribués « au quotient » qui peut sembler trop élevé. Une issue consiste à le rectifier en l'abaissant d'autorité, comme dans la formule du quotient rectifié (Qr) dit de Droop :

$$Qr = \frac{Se}{Sp + 1} = \frac{200\,000}{6} = 33\,333$$

Dans notre hypothèse, un quatrième siège est attribué au quotient au parti C. Le ou les sièges non pourvus sont enfin attribués aux plus forts restes, aux suffrages inutilisés, soit, dans notre exemple :

– Lorsque Q = 40 000 (Hare)

A = 86 000 – (2 × 40 000) = 6 000
B = 56 000 – 40 000 = 16 000
C = 38 000
D = 20 000

Les deux sièges restants vont à C et à D.

– Lorsque Qr = 33 333 (Droop)

A = 86 000 – (2 × 33 333) = 19 334
B = 56 000 – 33 333 = 22 667
C = 38 000 – 33 333 = 4 667
D = 20 000

Le siège restant va à B.

Rien n'interdit d'aller plus loin et d'abaisser le quotient : c'est la solution Imperiali, où le quotient est égal à :

$$\frac{Se}{Sp + 2} = \frac{200\,000}{7} = 28\,571$$

À ce moment, tous les sièges sont attribués au quotient, 3 à A, 1 à B et C.

– Qr = 28 571 (Imperiali)

A = 86 000 – (3 × 28 571) = 286
B = 56 000 – 28 571 = 27 329
C = 38 000 – 28 571 = 9 429
D = 20 000

La rigueur mathématique est implacable : plus on abaisse le quotient, moins il y a de restes.

2) Deuxième solution : *la RP avec attribution des sièges restants aux plus fortes moyennes.*

Avec ce mécanisme, le deuxième temps est identique à celui de l'exemple précédent : on attribue les sièges aux partis dont le nombre de voix contient un certain nombre de fois le quotient électoral.

En revanche, pour l'attribution des sièges restants, la procédure est différente. On ajoute fictivement, à chaque liste, un siège à ceux dont elle bénéficie déjà en vertu du quotient – si elles n'en ont pas encore, on divise par 1 –, et l'on divise le nombre de suffrages que la liste a recueillis par le nombre ainsi obtenu. Cette opération donne une moyenne. Le parti qui a la plus forte moyenne obtient le siège restant. On recommence l'opération jusqu'à distribution de tous les sièges.

Avec notre exemple les résultats sont les suivants :

$$\text{Parti A} \quad : \quad \frac{86\,000}{2+1} = 28\,666$$

La même opération est répétée pour les autres partis :

$$\text{Parti B} \quad : \quad \frac{56\,000}{1+1} = 28\,000$$

$$\text{Parti C} \quad : \quad \frac{38\,000}{1} = 38\,000$$

$$\text{Parti D} \quad : \quad \frac{20\,000}{1} = 20\,000$$

Le premier siège restant à pourvoir est attribué au parti C.

On recommence alors l'opération pour le dernier siège non pourvu :

$$\text{A} : \frac{86\,000}{1+1} = 28\,000 \qquad \text{B} : \frac{56\,000}{1+1} = 28\,000$$

$$\text{C} : \frac{38\,000}{1} = 38\,000 \qquad \text{D} : \frac{20\,000}{1} = 20\,000$$

Le cinquième siège est ainsi attribué au parti A.

On constate aisément les différences dans l'attribution des sièges selon la méthode retenue :

Aux plus forts restes :

Hare : A2 B1 C1 D1

Droop : A2 B2 C1 D0

Imperiali : A3 B1 C1 D0

Aux plus fortes moyennes : A3 B1 C1 D0

3) Troisième solution : *la méthode d'Hondt* donne des résultats identiques au mécanisme des plus fortes moyennes mais avec une marche à suivre différente.

Il suffit de diviser les suffrages obtenus par chaque parti par 1, 2, 3, 4, n, n représentant le nombre de députés à élire. Ce mécanisme peut se présenter sous la forme du tableau suivant :

| Suffrages divisés par | | | | | |
|---|---|---|---|---|---|
| Partis | 1 | 2 | 3 | 4 | 5 |
| A | 86 000 | 43 000 | 28 666 | 21 500 | 17 200 |
| B | 56 000 | 28 000 | 18 666 | 14 000 | 11 200 |
| C | 38 000 | 19 000 | 12 666 | 9 500 | 7 600 |
| D | 20 000 | 10 000 | 6 666 | 5 000 | 4 000 |

On classe ensuite ces moyennes par ordre décroissant jusqu'au 5$^{e}$ siège inclus, soit : 86 000, 56 000, 43 000, 38 000, 28 666. Ce dernier nombre est encore appelé répartiteur, différent du quotient électoral des exemples précédents, car, en divisant le nombre de suffrages obtenus par chaque parti par ce nombre répartiteur, on obtient directement le nombre de sièges qui doit être affecté à chaque parti.

A : $\frac{86\,000}{28\,666}$ = 3 sièges B : $\frac{56\,000}{28\,666}$ = 1 siège

C : $\frac{38\,000}{28\,666}$ = 1 siège D : $\frac{20\,000}{28\,666}$ = 0 siège

On remarquera qu'il suffit de souligner dans le tableau ci-dessus les cinq plus fortes moyennes pour lire immédiatement le nombre de sièges qui échoit à chaque parti.

Cette méthode présente pourtant un inconvénient assez net, perceptible lorsque l'on poursuit les divisions précédentes au-delà du chiffre entier et que l'on examine la moyenne de suffrages nécessaires à chaque parti pour obtenir un siège.

| Partis | Sièges | Moyenne de suffrages pour un siège |
|---|---|---|
| A | 3,0 | 28 600 |
| B | 1,9 | 56 000 |
| C | 1,3 | 38 000 |
| D | 0,7 | |

Le parti B est fortement pénalisé par rapport au parti A, manquant pour quelques voix le second siège que lui concédait le quotient de Droop.

En effet, la RP à la plus forte moyenne favorise le parti le plus important et abaisse le seuil requis pour l'obtention d'un siège dans les circonscriptions ayant peu d'élus à désigner, et au sein desquelles les listes en compétition sont peu nombreuses. Si le nombre total de suffrages exprimés est V, le nombre de sièges à pourvoir M, le nombre de liste en présence P, le calcul du seuil pour la méthode d'Hondt s'effectue selon la formule suivante :

$$T = \frac{V - 1}{M + P + 1}$$

Ce qui veut dire que le nombre minimum de suffrages (T) nécessaire pour obtenir un siège est fonction de la taille de la circonscription – donc du nombre de sièges à pourvoir –, mais aussi du nombre de partis en présence. Un système de partis multiples abaisse le seuil, mais, dans le même temps, implique la surreprésentation du parti le plus fort (en particulier lorsque $P > M$).

Un correctif peut alors être apporté à la méthode d'Hondt par le système du *nombre impair* (ou nombre *udda*), encore appelé *méthode de Sainte-Laguë*, utilisé en Scandinavie depuis 1951.

Il s'agit de rechercher les plus fortes moyennes en divisant le nombre de suffrages obtenus par chaque liste par 1, 4, 3, 5, 7, 9, etc.

En reprenant l'exemple précédent, on obtient :

| Suffrages divisés par | | | | |
|---|---|---|---|---|
| Partis | 1,4 | 3 | 5 | Sièges |
| A | 61 428 | 28 666 | 17 200 | 2 |
| B | 40 000 | 18 666 | 11 200 | 2 |
| C | 27 142 | 12 666 | 7 600 | 1 |
| D | 14 285 | 6 666 | 4 000 | 0 |

B gagne un siège par rapport au calcul précédent, au détriment de A.

Les moyennes de suffrages nécessaires pour l'obtention d'un siège (qui sont de 28 666 pour A, 18 666 pour B, 27 142 pour C) sont plus voisines les unes des autres. Le seuil est en effet atteint selon la formule :

$$T = \frac{V - 1}{2M + P - 2}$$

4) Quatrième solution : *le quotient rectifié*, encore appelé système Hagenbach-Bischof, appliqué en Suisse et en Autriche. Quand on constate que le quotient électoral est supérieur au nombre de voix obtenues par les partis et que par conséquent tous les sièges ne sont pas pourvus, on diminue le quotient électoral en ajoutant une unité aux sièges à pourvoir. Puis on divise le nombre de suffrages exprimés par le nombre de sièges à pourvoir + 1. Exemple :

$$Q = \frac{200\,000}{5 + 1} = 33\,333$$

On divise alors le nombre de voix obtenues par chaque parti par ce quotient rectifié :

A : $\frac{86\,000}{33\,333}$ = 2 sièges B : $\frac{56\,000}{33\,333}$ = 1 siège

C : $\frac{38\,000}{33\,333}$ = 1 siège D : $\frac{20\,000}{33\,333}$ = 0 siège

Tous les sièges n'ont pas été attribués. Il reste un siège à pourvoir, et il faut alors rectifier à nouveau le quotient électoral en le diminuant, c'est-à-dire en ajoutant une nouvelle unité au nombre de sièges à pourvoir.

$$Q = \frac{200\,000}{5 + 2} = 28\,571$$

Le parti A obtient alors 3 sièges, les partis B et C obtiennent 1 siège chacun.

Ce système présente un inconvénient : il risque d'aboutir à une répartition de sièges supérieure à celle qui est primitivement prévue.

*La répartition des sièges à l'intérieur des listes*

La RP étant un scrutin de liste, les sièges attribués aux partis sont distribués entre les candidats selon l'ordre de présentation de ces derniers sur des listes dites « bloquées ». L'électeur est alors à la merci des appareils de partis ou de comités électoraux qui peuvent imposer en tête de liste un candidat qui a pourtant peu de clientèle électorale personnelle. Le vote préférentiel et le panachage peuvent corriger cette extrême rigidité dans la présentation des candidats. Le vote préférentiel consiste pour l'électeur à classer les candidats selon ses préférences à l'intérieur d'une même liste. Le panachage élargit le choix entre les candidats de toutes les listes ; mais il laisse la porte ouverte à des manœuvres faciles, destinées à décapiter les listes adverses. Aussi n'est-il généralement pris en considération qu'au-delà d'un certain seuil, en pratique jamais atteint. Les apparences sont sauves.

Il ressort clairement des solutions précédentes que les résultats obtenus peuvent varier dans des proportions appréciables. Les législateurs ne les ont donc pas utilisées indifféremment.

**Les applications de la représentation proportionnelle**

Entre les deux guerres mondiales, l'Europe occidentale a sacrifié à la mode de la RP : dans certains cas, le souci de l'équité dans la représentation a été jusqu'à son terme, comme on l'a vu en Allemagne ou aux Pays-Bas ; mais encore ne s'agit-il que d'exemples relativement simples.

En Tchécoslovaquie, à la suite de la loi du 29 janvier 1920, on en arrivait à des calculs fort complexes qui demandaient un délai de plus d'une semaine entre le décompte des voix et la proclamation des résultats : en effet, les restes obtenus par chaque liste au niveau local après une première attribution au quotient étaient centralisés à Prague, au ministère de l'Intérieur, qui les totalisait, calculait un nouveau quotient en fonction des sièges restant à pourvoir et, s'il restait encore des sièges non pourvus, utilisait la méthode des plus forts restes ! L'élection devenait une opération mathématique subtile dont les contours échappaient assez rapidement au commun des citoyens, malgré l'optimisme de Henri Poincaré qui écrivait à l'époque : « Le système du nombre unique sera compris du premier coup, et le plus ignorant des mathématiques verra sans raisonnement qu'il donne satisfaction complète à la justice. »

Aux États-Unis, certains États adoptèrent la RP en en limitant l'usage aux élections municipales (à New York et à Cincinnati par exemple) mais pour peu de temps, et la ville d'Ashtabula, en Ohio, qui avait été la première à y avoir recours, y renonça à la suite d'un référendum en 1929.

À partir des années trente, un revirement progressif s'effectue dans les milieux politiques et chez les théoriciens du droit constitutionnel : en effet, la montée du fascisme et du national-socialisme a été imputée en grande partie à la RP par des professeurs qui croyaient encore aux vertus du parlementarisme rationalisé. Dans ses derniers écrits, Léon Duguit revient sur ses opinions antérieures. En 1934, René Capitant, dans un court et vigoureux essai *La réforme du parlementarisme*, insiste sur l'idée que « l'élection n'est pas un moyen d'introspection, elle est un procédé pour désigner le gouvernement ». La critique systématique a été formulée par Ferdinand Hermens dans un ouvrage classique, *Democracy or anarchy, a study of proportional Representation* ; partant de l'exemple de Weimar, cet auteur cherche à prouver que, partout où elle sévit, la RP détruit la démocratie et conduit à l'anarchie.

Aussi, lorsque, en 1945, le problème des systèmes électoraux a été posé à nouveau en Europe à la suite des mutations constitutionnelles dues à la Seconde Guerre mondiale, le débat a été rouvert, mais dans des conditions politiques différentes. Par tradition et par intérêt immédiat, les partis politiques de gauche lui restaient favorables ; cependant, leur intransigeance de principe dissimulait mal une certaine crainte, surtout quand il s'agissait des partis sociaux-démocrates inquiets de la montée en puissance des partis communistes. En France, bien qu'ils détenaient en 1946 la majorité absolue à l'Assemblée constituante, communistes, socialistes et républicains populaires ne s'accordèrent pas sur un projet de RP intégrale, et une majorité communistes-républicains populaires imposa un système de RP départementale. Seul, à l'image des Pays-Bas, l'État d'Israël a adopté la RP intégrale, la Belgique étant restée favorable au système d'Hondt (que l'on retrouve également en Finlande, au Portugal, en Argentine, au Brésil et en Espagne) et la Suisse au procédé Hagenbach-Bischof (également en usage au Luxembourg). En Italie, le mode de scrutin utilisé jusqu'en 1993 pour la Chambre des députés est assez original : il s'agit d'une RP dans le cadre provincial avec répartition des restes à l'échelon national après usage du quotient Imperiali. Au sein de chaque circonscription le nombre de sièges attribués à une liste est obtenu en divisant le nombre de suffrages obtenus par cette liste par un quotient rectifié, calculé à l'intérieur de chaque circonscription en divisant le nombre total de suffrages exprimés par le nombre de sièges à pourvoir augmenté de trois unités (depuis 1966, deux unités). Si les listes locales d'un parti ont obtenu au moins 300 000 voix, elles entrent en ligne de compte pour la répartition des sièges non pourvus au niveau national (méthode du plus fort reste).

Depuis 1952, la Suède et la Norvège ont recours à la méthode de Sainte-Laguë.

Une dernière vague a déferlé sur l'Europe de l'Est après le délitement des États socialistes ; ces derniers, au nom de l'État du peuple tout entier ou du pluripartisme unanimitaire, avaient recours au scrutin majoritaire, parfois et dérisoirement à deux tours. La transition démocratique s'y exprime aujourd'hui à travers un pluripartisme que la RP conforte structurellement, mécaniquement : il en est ainsi en République tchèque, en Roumanie, en Bulgarie et en Pologne.

On notera enfin que, sans difficultés, la France, qui avait abandonné la RP en 1958 – on la tenait pour responsable de la paralysie de l'Assemblée nationale –, en a redécouvert les vertus en 1979 pour les élections au Parlement européen, en 1982 pour les élections aux conseils régionaux et pour les seules élections législatives de 1986.

Fidèle en cela à sa tradition d'« inexpérience constitutionnelle » et de versatilité électorale.

Mais il est vrai que ce mode de scrutin n'est pas exempt d'inconvénients.

## Avantages et inconvénients de la représentation proportionnelle

La littérature favorable ou opposée à la RP a épuisé les considérations qui plaident pour ou contre ce mode de scrutin, et nous ne tenterons ici que de relever les arguments les plus décisifs et les plus connus.

En faveur de la représentation proportionnelle, on peut en premier lieu avancer un argument d'équité : il est bien certain que, lorsque le nombre de sièges obtenus par les différents partis est proportionnel à leur force électorale, leur représentation est juste ; chaque idéologie peut s'exprimer au Parlement, la décision politique prise par la majorité des élus représente fidèlement la volonté de la majorité des électeurs (donc la volonté générale si l'on s'en rapporte à la théorie rousseauiste de l'unanimité immédiate). Qui plus est, dans la mesure où l'on admet que les partis politiques sont l'expression des classes sociales (à chaque classe son parti), il n'est plus possible de dire que le pouvoir est monopolisé par une classe déterminée ; si l'on croit que le Parti communiste, par exemple, est le parti de la classe ouvrière, la RP qui lui ouvre les portes des assemblées permet au prolétariat de ne plus rester aux portes de la cité. Le même raisonnement pourrait être tenu pour toutes les autres minorités, religieuses, ethniques, sociales. Dans une large mesure, la RP présente cet avantage : sous la république de Weimar, elle a permis aux vignerons du Wurtemberg, aux classes moyennes, aux paysans du Hanovre ou de Bavière d'élire quelques députés qui exprimaient leurs attentes. De même, les Pays-Bas ont connu une multiplication du nombre de députés isolés qui représentaient toutes les nuances de la chrétienté (catholiques dissidents, chrétiens-socialistes, réformés calvinistes, etc.). Incontestablement, la RP satisfait le pluralisme démocratique mieux qu'aucun autre mode de scrutin. En 1987, aux élections suisses, treize partis – dont le « Parti des automobilistes » *(sic)* – enlèvent des sièges. Au Danemark, onze partis se partagent les suffrages, neuf d'entre eux se partagent les sièges. En 1991, un record du monde est établi en Pologne : 65 partis présentent des candidats, 29 emportent des sièges ; le localisme le dispute au consumérisme – le Parti des Amis de la Bière gagne 16 sièges – ou au vote protestataire. Il n'est pas indifférent de noter le taux des abstentions : 56,8 % des inscrits.

En seconde ligne, on retiendra que la RP renforce le caractère programmatique des partis et le contenu idéologique de l'élection ; selon une formule classique, elle est un « scrutin d'idées » et non pas un « scrutin d'hommes ». Chaque candidat, chaque parti se présente sur un programme politique de gouvernement, « drapeau en tête ». L'élection n'est plus fondée sur de mesquines considérations d'intérêt local, et l'élu, comme l'exige le principe de la souveraineté populaire, représente non plus un territoire étriqué ou quelques mandants égoïstement empreints d'esprit de clocher, mais le pays tout entier ; elle donne sa chance à chacune des conceptions de l'intérêt général, donc national. Le mandat parlementaire n'aboutit pas à une carrière d'autant plus assurée que l'on fait moins de politique et plus de porte-à-porte, mais offre l'occasion aux différentes forces politiques de confronter leurs programmes avec les réalités du pouvoir.

Enfin, la représentation proportionnelle est un mode de scrutin honnête : l'absence de second tour évite tous les marchandages auxquels donnent lieu les désistements et les retraits ; les élus ne doivent leurs sièges à aucune compromission, à aucune renonciation aux principes qu'ils ont défendus devant les électeurs. La taille des circonscriptions est telle que les possibilités de fraude sont nulles.

Ce dernier argument peut être retourné aux partisans de la RP, dans la mesure où l'honnêteté qu'elle postule n'apparaît pas au moment de la constitution des listes ; celles-ci, en effet, sont l'œuvre des états-majors des partis politiques, qui détiennent alors la clé de l'élection ; l'ancienneté dans le parti, la discipline, l'ardeur militante des candidats à la candidature sont pesées par les dirigeants qui peuvent, comme ils l'entendent, promouvoir leurs favoris en les portant en tête de liste et condamner leurs « associés rivaux » en les plaçant en situation défavorable. Edouard Herriot pouvait dire alors : « C'est un scrutin de retraités. » Ce sont les permanents des partis politiques qui font les élections.

Du même coup, tous les liens entre les électeurs et les élus sont rompus ; ce phénomène est très net lorsque les sièges sont répartis entre des listes nationales. En admettant qu'une liste obtienne dix élus tous issus de la région parisienne, l'électeur bordelais ou niçois de ce parti a rapidement le sentiment de n'être représenté par personne sur le plan local.

Mais la critique essentielle porte sur l'action de la RP sur l'opinion : favorisant l'expression de toutes les attentes, elle sublime la fonction des oppositions sans nuances et le caractère conflictuel des systèmes politiques.

C'est ainsi qu'on peut poser la question des partis « antisystèmes », qui rejettent la règle du jeu, et de la vogue dont ils bénéficient grâce à la RP ; dans des systèmes polyarchiques aussi stabilisés que la Suisse, la Belgique, la Suède, la Norvège, les Pays-Bas (bouleversés en 2002 par l'intrusion des populistes de la liste Pim Fortuyn), on voit éclore et s'implanter dans les institutions parlementaires un vote protestataire qui prend la forme de partis « antitout », hostiles à la bureaucratie, à l'impôt, aux contraventions automobiles – La Nouvelle Démocratie en Suède (6,5 % des suffrages et 25 sièges en 1991), le Parti du Progrès (13 % des suffrages en Norvège) – ou qu'on pourrait qualifier de « coluchistes », comme le Parti des libertins en Belgique (3 % des suffrages, 3 sièges en 1992) parce qu'ils tournent, en apparence au moins, l'élection en dérision. Au risque de bloquer le système décisionnel en interdisant l'agrégation d'attentes positives et l'émersion de majorités de gouvernement. Or, il faut citer René Capitant : « Le parlementarisme exige non une représentation des intérêts devant le pouvoir, mais des élections qui donnent naissance au pouvoir lui-même. Le Parlement, ne l'oublions pas, en régime parlementaire, c'est le souverain. »

Alors même que la remarque n'est plus vraie aujourd'hui, elle implique encore le débat sur les modes de scrutin, qui aime s'appuyer sur des idées reçues.

Car il est impossible de sortir du dilemme : pilote ou tribun ? Dans le premier cas, la logique impose que ceux qui ont gagné gouvernent avec un scrutin majoritaire. Dans le second cas, l'éthique polyarchique appelle la RP qui permet à toutes les voix d'être entendues. La présentation la plus schématique des configurations constitutionnelles croit résoudre la difficulté en formulant des vérités premières : dans le modèle présidentiel, le pilotage est confié au chef de l'État, élu au scrutin majoritaire, qui gouverne sous le contrôle du Congrès, lequel peut à loisir être élu à la RP. Dans le modèle parlementaire, le gouvernement émane du Parlement qui peut le révoquer ; la bonne formule est celle qui dégage une majorité sans pour autant évincer toute opposition.

Alors, on l'a dit, les démocraties parlementaires ont affronté, avec la RP, les risques d'instabilité – en Allemagne à Weimar, en France sous la IV^e^ République, en Italie jusqu'à tout récemment – qui n'ont pas non plus épargné les présidentialismes centre et sud-américains : le président y était contesté par des oppositions majoritaires au Congrès et l'arbitrage du conflit était rendu par l'armée. Les ingénieurs institutionnels ont alors cherché des solutions hybrides – on n'a pas écrit bâtardes – greffant un mode de scrutin sur l'autre pour cumuler les avantages de l'un et de l'autre système en évitant une part de leurs inconvénients respectifs. On est passé de l'âge du dogmatisme à celui des manipulations.

## CHAPITRE III

# Les scrutins mixtes : le marchandage

Peut-être s'agit-il en réalité de manipulations ? Le terme de marchandage nous semble pourtant plus opportun pour cette excellente raison que la conciliation est cherchée, sur un marché, entre partenaires, alors qu'ici, la négociation se déroule entre les partis sans que les électeurs soient conviés à y participer. On n'a jamais vu une loi électorale adoptée par voie référendaire ! Sauf peut-être quand l'électorat la refuse, en se retirant du marché, « en votant avec ses pieds »... ou sa canne à pêche. D'autant que nombre de nuances apportées aux lois électorales peuvent dissimuler des pièges à électeurs dont la malignité n'est pas évidente. Car, entre le scrutin majoritaire et la RP, les possibilités de combinaisons sont considérables. Le législateur procède comme le barman pour un cocktail : un doigt de RP et deux doigts de scrutin majoritaire ou *vice versa*. Dans les deux cas, l'inventeur est souvent plus satisfait de son mélange que le consommateur-électeur. Que ce soit pour éviter les inconvénients de l'un et l'autre système, ou pour pérenniser une assemblée existante, l'imagination des hommes politiques est, en ce domaine, particulièrement fertile, et les résultats ne vont pas toujours dans le sens des intentions. On peut néanmoins dégager trois grandes tendances : les systèmes mixtes à dominante proportionnelle, à dominante majoritaire et ceux qui visent l'équilibre entre ces deux dérives.

## Les systèmes mixtes à dominante proportionnaliste

La RP est aujourd'hui le mode de scrutin le plus prisé sur la planète électorale ; sans doute parce que le pluralisme qu'elle implique répond précisément à cette exigence des gardiens du temple polyarchique – on songe par exemple aux juridictions supranationales européennes, très vigilantes sur ce point – et qu'elle sert de contrepoids à la « majoritarisation » et à la concentration des gouvernements issus du suffrage direct. Pour autant, le recours à la mixité apparaît de plus en plus fréquemment dans les systèmes proportionnalistes pour contenir le pluralisme ; c'est la règle du seuil. Ou pour rapprocher l'élu de l'électeur ; c'est le panachage.

### *La règle du seuil*

C'est en Allemagne que, dès 1949, apparaît l'idée d'effectuer une distinction entre le quotient électoral et le seuil d'éligibilité : le premier ne joue qu'au bénéfice de ceux qui ont franchi le second. On le fixe à 5 % des suffrages exprimés dans chacune des circonscriptions régionales. Puis, à partir de 1953, pour contrarier d'éventuelles poussées de fièvre localistes, au niveau national. La preuve de l'efficacité de la règle apparaît d'ailleurs dans la dérogation qu'elle a connue après la réunification : elle n'a pas été appliquée en 1990 dans les *Länder* issus de l'ex-RDA où elle est restée calculée localement afin d'y ménager la « transition démocratique », en fait la survie de l'ancien parti dominant.

Cette clause d'accès au marché électoral *(Sperrklausen)* est maintenant d'usage courant dans les États qui ont recours à la RP. Elle tourne habituellement autour de 5 %

des suffrages exprimés – 3 % en Espagne et en Argentine, 4 % en Suède, en Italie, en Bulgarie, 5 % en Russie, en Tchécoslovaquie (depuis 1990), en Pologne (depuis 1993), en Roumanie, 10 % en Turquie, pour plafonner à 17 % en Grèce, entre 1974 et 1985.

Ce dernier exemple montre bien la portée pédagogique du seuil. À la sortie de la dictature des colonels, pour éviter le retour aux errements du multipartisme échevelé qui l'avait précédée, la loi aménage trois niveaux successifs d'allocation des sièges et l'obligation de dépasser le seuil national de 17 % des suffrages exprimés pour participer au partage dans le cadre des deux premiers. En 1985, quand le système de partis est stabilisé, on y renonce puisqu'il est devenu inutile, et on le ramène à 3 %.

C'est véritablement aujourd'hui, pour l'essentiel, sur ces seuils que jouent les stratèges ou les ingénieurs électoraux ; là où les systèmes de partis se construisent, ils en guident l'érection : on a vu la Pologne désemparée en 1991 par la RP intégrale ; en 1993, un seuil combiné de 5 % pour les partis et 8 % pour les coalitions remédie à ce système « hyperproportionnel », puisque les partis représentés à la Chambre *(Sejm)* ne sont plus que six. De même en Bulgarie : en 1990, un mode de scrutin à l'allemande, mais sans seuil, avait permis à huit partis d'accéder à la Constituante ; un an plus tard, une RP avec seuil à 4 % en éliminait cinq.

Le jeu des stratèges est d'ailleurs rendu plus facile par le fait que le changement de seuil ne remet pas en cause l'économie générale du mode de scrutin ; la potion est moins désagréable à consommer : en Hongrie, entre 1990 et 1994, la barre passe de 4 à 5 % dans l'indifférence générale.

En France, 5 % des suffrages exprimés sont nécessaires à une liste pour prétendre obtenir un ou plusieurs sièges au Parlement européen ou à l'Assemblée nationale dans le système éphémère de 1986. Cette règle a interdit, en 1979, aux sept « petits partis », qui avaient pourtant obtenu, ensemble, plus de 12 % des suffrages exprimés, d'entamer le monopole de la « bande des quatre » (grands partis) et d'emporter les 9 sièges – sur 81 – que la RP intégrale leur aurait attribués au Parlement de Strasbourg. Aux élections législatives de mars 1986, avec 42 % des suffrages, la coalition RPR-UDF emporte 49,5 % des sièges ; avec 33 % des suffrages, les socialistes et les « divers gauche » obtiennent près de 37 % des sièges ; seules victimes de la règle dans la « bande des cinq », le Parti communiste et le Front national (10 % des voix, 6 % des sièges chacun).

C'est alors la notion de contrainte, écrit Giovanni Sartori, qui imprègne le recours aux seuils d'éligibilité : contrainte sur les partis qui ne peuvent s'engager dans la compétition sans avoir mesuré avec soin le rapport coût-avantage et dont le développement ou la survie peuvent être conditionnés par leur aptitude à la course en solitaire (l'UDF aux élections européennes de 1999) ; surtout, contrainte sur les électeurs, à la limite du supportable dans un système majoritaire : aux élections législatives françaises, depuis 1976, il est nécessaire de recueillir au premier tour de scrutin un nombre de suffrages égal ou supérieur à 12,5 % des électeurs inscrits pour avoir le droit de demeurer candidat au second tour. Le caractère politique de cette mesure est indéniable : il s'agissait pour le parti de la majorité de prendre une sorte d'hypothèque sur l'électorat centriste et modéré, dont on escomptait le réflexe anticommuniste. Ce fut, sur ce plan, un échec, mais on retiendra que ce seuil de 12,5 % des électeurs inscrits peut être très difficile à atteindre ; lorsque les abstentions sont nombreuses, on a calculé qu'il est atteint, en règle générale, avec un nombre de voix supérieur à 17 % des suffrages exprimés.

Une telle disposition peut avoir un effet dévastateur : la multiplicité des candidats – 11 en moyenne par circonscription aux législatives de 1997 – rend plus difficile pour chacun d'entre eux l'accès au second tour. La loi prévoit alors que si un seul ou aucun ne dépasse le seuil, les deux candidats arrivés en tête peuvent seuls se présenter au ballottage ; c'est la porte ouverte aux manœuvres. En tout cas, cette disposition aboutit à la disparition progressive des « triangulaires » : en 1967, elles apparaissaient dans le quart des circonscriptions en ballottage ; en 1981, on n'en constate pour ainsi dire plus (une seule circonscription). En 1988, on en compte huit ; en 1993, quinze. En 1997, c'est la forte hausse des suffrages obtenus par le Front national – qui passe de 12,7 % à 15 % des suffrages exprimés – qui provoque 76 « triangulaires ».

En tout cas, on doit souligner l'effet paradoxal de l'abstention qui pénalise les petits partis : à 20 % d'abstentions, le seuil d'éligibilité est de 15,6 % des suffrages exprimés ; à 30 %, il passe à près de 18 % ; à 40 %, il dépasse 20 % des suffrages exprimés. La manipulation des listes électorales devient l'instrument privilégié de la fraude. On comprend mieux alors la vigoureuse opposition manifestée par l'ensemble des partis d'appoint – communiste, écologiste, centriste – au projet de loi relatif aux élections régionales présenté par le gouvernement Raffarin au printemps 2003. Dans sa version primitive, il instaurait un seuil d'accès au second tour égal à 10 % des électeurs inscrits, en pratique susceptible d'être trois fois supérieur à ce qu'il était auparavant. On pouvait ainsi espérer interdire au Front national de compromettre d'éventuelles majorités de droite ; mais, du même coup, on aménageait un face à face entre deux blocs nécessairement constitués à gauche et à droite, avant même le premier tour de scrutin, autour de l'UMP et du Parti socialiste. Et l'on retirait toutes les autres formations du tour décisif sauf à renoncer à leur originalité. Pour un vice de procédure passablement véniel, le Conseil constitutionnel censura cette mauvaise manière faite au multipartisme, et le Premier ministre renonça à l'amener à se prononcer sur le fond ; la loi du 11 avril 2003 se contente de doubler le seuil, désormais de 10 % des suffrages exprimés.

Laissant ainsi entière la question qui ne peut recevoir de réponse que de la part des politiques : à quel niveau un seuil d'éligibilité devient-il insupportable au pluralisme ?

*Le panachage*

Mais peut-être la vraie bonne question est-elle de se demander ce qu'il en est de l'électeur dans toute cette affaire de seuil ? Quand on le calcule par rapport aux suffrages exprimés, on compte pour nuls des suffrages qui s'étaient manifestés positivement. Quand on le calcule par rapport aux électeurs inscrits, on fait mathématiquement intervenir dans l'opération des gens qui en sont restés extérieurs : ce sont, en effet, les abstentionnistes qui déterminent le niveau effectif du seuil d'accès au second tour éventuel.

Par contrecoup naturel, on portera alors son attention sur les formules de scrutins qui sollicitent les électeurs plus que les partis dans l'aménagement de la RP, en permettant à l'acheteur de diversifier ses choix, de choisir librement entre plusieurs fournisseurs, de panacher son vote. Les partis n'apprécient pas cette pratique et tombent d'accord pour la rendre inopérante ou pour en limiter les effets à des enjeux non-politiques.

On doit pourtant retenir deux formules originales de vote panaché. L'une, que nous situerons, à la fin de ce chapitre, dans le monde de l'utopie polyarchique, est celle du *vote d'approbation*. La seconde est celle du *vote unique transférable*. On doit lui consacrer quelques instants.

Il s'agit d'une individualisation de la RP destinée à maintenir une très grande justice dans la représentation tout en accordant une grande liberté à l'électeur. Le principe est le suivant : est proclamé élu tout candidat dont les voix dépassent le quotient de Droop, d'un accès relativement aisé, comme on l'a vu. Une circonscription peut avoir un nombre variable de députés à élire, chaque électeur n'a qu'une voix. Mais cette voix est transférable si son candidat a obtenu plus de suffrages qu'il n'est nécessaire pour être élu ou si son candidat est de ceux qui ont obtenu le moins de voix. Aussi doit-il indiquer les candidats qui ont ses deuxième, troisième, quatrième, etc., préférences.

Supposons que la circonscription ait 3 députés à élire et qu'il y ait 100 suffrages exprimés pour 4 candidats. Ces derniers obtiennent :

Black : 33 ; White : 24 ; Red : 23 ; Yellow : 20.

Le quotient électoral est le suivant :

$$Q = \frac{Se}{Sp + 1} + 1 \text{ soit : } \frac{100}{3 + 1} + 1 = 26$$

M. Black, qui a obtenu 33 voix, est élu.

Mais M. Black a 7 voix de plus qu'il n'est nécessaire pour être élu. Ses voix seront transférées aux autres candidats en tenant compte des deuxièmes préférences. Sur les 33 voix de M. Black, les deuxièmes préférences sont ainsi réparties :

M. White : 20 voix ; M. Red : 7 voix ; M. Yellow : 6 voix.

Les 7 voix excédentaires de M. Black sont réparties entre les autres candidats en respectant la proportion des secondes préférences. M. White obtient 4 voix de plus, M. Red 2 voix et M. Yellow 1 voix.

M. White est élu.

Comme aucun autre candidat n'a obtenu le quotient électoral, on transfère alors les voix du candidat ayant obtenu le moins de voix, soit celles de M. Yellow. Il est facile de comprendre que les deuxièmes préférences utiles de M. Yellow vont à M. Red et que ce dernier est élu.

Finalement chaque parti obtient une représentation proportionnelle à sa force réelle, et les électeurs ont élu les candidats de leur choix.

On impute la paternité de ce système à Thomas Hare, mais elle est aussi revendiquée par Thomas Wright Hill et par le Danois Carl Andrae ; il est utilisé à Malte, en Tasmanie et en Irlande. C'est pourquoi il est aussi – sous le sigle STV *(Single Transferable Vote)* – proposé par les partisans britanniques de la RP, *Electoral Reform Society*, libéraux et sociaux-démocrates, comme remède aux injustices du scrutin majoritaire ; à leur tête, et jusqu'à un âge très avancé, Mme Enid Lakeman qui consacra une longue existence à cette cause, relayée aujourd'hui dans cette croisade par Vernon Bogdanor. Il a contre lui une complexité plus apparente que réelle ; Lloyd George, qui lui était hostile, prétendait n'y rien comprendre ! Il a en sa faveur, le caractère véritablement significatif de chaque bulletin, effectivement composé par l'électeur.

Rappelons enfin que le *découpage des circonscriptions* peut être, et est effectivement, utilisé pour « instiller une dose de scrutin majoritaire dans la RP » qui n'est plus qu'« approchée » lorsque le territoire électoral est divisé en circonscriptions. L'observation peut être confirmée à la lecture de la loi du 11 avril 2003 « relative à l'élection des conseillers régionaux et des représentants (de la France) au Parlement européen ».

Un bref rappel historique enseigne à propos du Parlement européen que son élection se déroulait en France, pour 87 sièges, à la RP intégrale à la plus forte moyenne assortie d'un seuil d'éligibilité de 5 % des suffrages exprimés. La recomposition de cette assemblée, compte tenu de l'élargissement imminent de l'Union à vingt-cinq membres, réduit désormais à 78 le nombre de sièges attribués à la France et il a semblé opportun de profiter de cette occasion pour mieux contenir les effets atomiseurs de la RP intégrale ; malgré le seuil de 5 %, elle avait abouti en 1999 à un « émiettement de la représentation de la France » sur l'ensemble de l'éventail politique de l'extrême gauche trotskyste à l'extrême droite souverainiste. Le remède a été trouvé dans une régionalisation du territoire électoral, bienvenue à l'heure de la décentralisation de la République ; au prétexte de rapprocher les députés européens de leurs électeurs, on a divisé la République en huit circonscriptions interrégionales garantissant une représentation plus équilibrée du territoire. C'était politiquement souhaitable : en 1999, faute de trouver le nom d'un compatriote sur les listes de candidats effectivement éligibles, les électeurs antillais s'étaient massivement abstenus de participer à un scrutin où ils ne se sentaient pas concernés. Par surcroît, on renforce la portée du seuil de 5 % : chaque fois qu'il n'est pas atteint localement par un parti, les suffrages considérés sont annulés. Ceci ne s'est pas fait sans mal ; on a longtemps tergiversé sur le point de savoir s'il fallait ou non découper les circonscriptions interrégionales en sections régionales avant de comprendre que trop de découpage confine au charcutage et que mieux valait laisser l'électeur s'y retrouver dans huit ensembles démographiquement équilibrés. Mise à part la circonscription de l'outre-mer qui ne dispose que – mais qui est assurée de disposer – de trois élus, chacune des sept autres élira entre dix et quatorze députés européens à partir de listes de candidats dont la composition géographique interne est laissée à la discrétion des partis politiques. De quoi espérer la dilution des voix obtenues par le Front national dans la région PACA dans un ensemble plus large qui va de Lyon à Ajaccio. En tout cas, comme le note justement Jean-Claude Casanova (*Le Monde*, 1er février 2003) : « Si l'astuce consiste à donner le sentiment qu'on peut satisfaire des obligations contradictoires, à rendre en fait "majoritaire" un scrutin présenté comme proportionnel et à régionaliser un scrutin national sans respecter les régions, les projets du gouvernement sont assurément astucieux. »

Quand il s'agit des élections régionales, les effets majoritaires du découpage adopté sont moins évidents. L'économie en est la suivante et passablement complexe : chaque région constitue une circonscription. Elles sont alors au nombre de vingt-six, dont la Corse et quatre régions d'outre-mer, élisant chacune entre 10 (Corse) et 209 (Île-de-France) conseillers régionaux. Dans le système antérieur, la circonscription était départementale ; on n'a pas voulu y renoncer totalement et un système fort complexe de sectorisation a été imaginé : les voix obtenues par chaque parti sont comptées par département ; leur total donne le nombre de sièges gagnés par chaque liste ; mais leur distribution est effectuée en fonction du nombre de suffrages obtenus par la liste considérée à l'intérieur de chaque secteur départemental. Deux circonscriptions gigognes, la seconde individualisant les élus dont le nombre est fixé par la première. Un système qui amène les électeurs d'un département à élire un conseiller régional originaire du département voisin et qui risque de provoquer quelques frustrations dans le localisme. Mais qu'importe, après tout, le Conseil constitutionnel a décidé que ce texte « n'est pas contraire à l'objectif constitutionnel d'intelligibilité de la loi » et il renforce la régionalisation du conseil régional. Il ne porte pas atteinte au principe de proportionnalité par la réduction de la taille de circonscription mais par l'éventuelle substitution d'une circonscription par une autre ; Jean-Claude Casanova le rangerait dans la boîte aux « astuces électorales des modes de scrutin à la française ».

## Les systèmes mixtes à dominante majoritaire

On ne peut intégrer avec certitude dans cette catégorie que le système électoral japonais en vigueur jusqu'en 1993, qui se résumait, pour les partis politiques, à un véritable casse-tête... chinois !

Il s'agit, en effet, d'un scrutin uninominal majoritaire à un tour – de type anglais – qui se déroule dans des circonscriptions plus larges où deux ou plusieurs sièges doivent être pourvus mais où l'électeur ne vote que pour un seul candidat ; étaient déclarés élus les deux ou *n* candidats ayant obtenu le plus grand nombre de suffrages. Présenter autant de candidats qu'il y a de sièges à pourvoir risque de provoquer un éparpillement des suffrages et une défaite générale ; en présenter trop peu risque de concentrer sur un seul candidat des voix qui auraient permis d'en faire passer un autre. C'est l'échec des partis dans ces calculs qui favorise le pluralisme de la représentation.

Malgré quelques hésitations, on y intégrera aussi le système électoral municipal français tel qu'il résulte de la loi du 19 novembre 1982 pour les communes de plus de 3 500 habitants. L'intention du législateur est d'y trouver un point d'équilibre entre le pluralisme des opinions et l'efficacité de la gestion en introduisant une forte prime majoritaire à un mécanisme de représentation proportionnelle (plus fortes moyennes, méthode d'Hondt).

Soit une commune de 175 000 habitants ayant à élire un conseil municipal de 59 membres. Six listes sont en présence et obtiennent les résultats suivants :

| | |
|---|---|
| Électeurs inscrits | 120 000 |
| Suffrages exprimés | 100 000 |
| Liste rouge | 51 000 |
| Liste rose | 20 000 |

| | |
|---|---|
| Liste bleue | 17 000 |
| Liste verte | 6 000 |
| Liste mauve | 4 000 |
| Liste blanche | 2 000 |

La moitié des sièges à pourvoir, « arrondie à l'entier supérieur » – soit 30 –, est attribuée à la liste rouge qui a obtenu la majorité absolue des suffrages exprimés. Les 29 sièges restants sont répartis entre les listes ayant obtenu plus de 5 % des suffrages exprimés, les listes mauve et blanche sont donc exclues. L'application de la RP à la plus forte moyenne donne alors à la liste rouge 16 sièges supplémentaires ; à la liste rose, 6 sièges ; à la liste bleue, 5 sièges ; à la liste verte, 2 sièges.

Bénéficiant alors de 46 sièges sur 59, les rouges sont assurés d'une majorité confortable au sein du conseil municipal ; mais 13 conseillers exprimeront les attentes des principales forces d'opposition.

Dans le cas où aucune liste n'obtient la majorité absolue des suffrages, une nouvelle donne est lancée, à laquelle ne peuvent participer que celles qui ont recueilli plus de 10 % des suffrages exprimés, après avoir éventuellement fusionné. Reprenons l'exemple précédent, en imaginant que les résultats aient été, au tour préliminaire, pour le même nombre de suffrages exprimés :

| | |
|---|---|
| Liste rouge | 49 000 |
| Liste rose | 20 000 |
| Liste bleue | 18 000 |
| Liste verte | 7 000 |
| Liste mauve | 4 000 |
| Liste blanche | 2 000 |

Mauves et blancs sont exclus du second tour. Les verts n'ont pas le droit de se représenter en tant que tels mais peuvent être récupérés par l'une des trois autres listes, à la diligence de leurs responsables respectifs, seuls habilités à négocier les fusions éventuelles, qui peuvent, par hypothèse, donner le résultat suivant :

| | |
|---|---|
| Électeurs inscrits | 120 000 |
| Suffrages exprimés | 95 000 |
| Liste rouge | 47 000 |
| Liste rose-verte | 30 000 |
| Liste bleue | 18 000 |

On applique la règle précédente de répartition sans tenir compte de ce que la majorité absolue a été ou non atteinte par une des listes. D'emblée, les rouges gagnent 30 sièges. La seconde répartition, à la RP, permet l'élection de 15 rouges supplémentaires, 9 roses-verts et 5 bleus. Le conseil municipal est très largement rouge (45/59) alors même que cette liste n'a pas recueilli la majorité absolue des suffrages.

Il s'agit donc bien d'un scrutin fondamentalement majoritaire dont l'économie générale a inspiré les lois du 19 janvier 1999 et du 11 avril 2003 – dans son titre I – relatives à l'élection des conseillers régionaux. On y retrouve, en deux tours de scrutin, la prime à la liste arrivée en tête – de l'ordre du quart des sièges à pourvoir – qui doit permettre de dégager plus aisément des majorités au sein des conseils régionaux.

La première mouture de la loi du 19 janvier 1999 présentait assurément une lacune par rapport à la loi Defferre : elle réduisait de 50 à 25 % la prime à la majorité, mais surtout elle laissait aux rapports de forces issus du scrutin le soin de restituer une majorité et un exécutif pour gouverner la région. Elle faisait sans doute la part trop belle au pluralisme.

C'est la raison pour laquelle la loi du 11 avril 2003 referme quelque peu la porte aux majorités de rencontre.

En premier lieu, elle contraint les partis en compétition à se mobiliser chacun derrière un suzerain, le « candidat tête de liste » qui compose la liste, la dépose à la préfecture de région, en assure l'enregistrement et l'évolution éventuelle entre les deux tours – rappelons qu'au second tour ne peuvent participer, fusionnées ou non, que les listes ayant obtenu plus de 10 % des suffrages exprimés ; celles qui ont obtenu 5 % de ces suffrages peuvent éventuellement fusionner ; les autres sont éliminées.

La tête de liste désignée est donc la véritable locomotive, le chef d'une équipe préconstituée qui a décidé de s'investir pendant les six années de la mandature. Tout comme l'équipe municipale dans le système Defferre de 1982, un pilote, un équipage et un projet communs. La deuxième idée que nous avons vue plus haut est d'assurer la présence de l'équipage dans les différents secteurs départementaux de la région afin d'éviter que le duc de Bordeaux ne vassalise l'Aquitaine, grâce aux circonscriptions gigognes.

Il faut en expliciter le mécanisme dont on espère – le Conseil constitutionnel le premier – qu'il sera compréhensible sur le bulletin de vote. Restons en Aquitaine : 85 sièges sont à pourvoir. Chaque liste comportera 95 candidats (oublions pour l'heure qu'ils doivent respecter dans leur classement la parité par sexe), répartis par département en fonction de la population : Dordogne 14, Gironde 38, Landes 12, Lot-et-Garonne 12, Pyrénées-Atlantiques 19. Dans chaque cas on a ajouté deux remplaçants aux éligibles pour un total de 95 – 10 = 85 élus effectifs.

Et laissons-nous guider, dans la démarche, par M. Jérôme Bignon, rapporteur de la commission des lois de l'Assemblée nationale à partir d'un exemple hypothétique mais qui correspond à l'Aquitaine par le nombre des sièges à pourvoir.

**Élections régionales : application à une circonscription du nouveau mode de scrutin**

Soit une région composée de 5 départements (D1, D2, D3, D4, D5), dont le conseil régional comporte 85 membres et dans laquelle 5 listes sont candidates au second tour dans les conditions suivantes :

| | Voix | % de voix |
|---|---|---|
| L1 | 543 059 | 45,7 % |
| L2 | 145 472 | 12,2 % |
| L3 | 372 879 | 31,4 % |
| L4 | 127 541 | 10,7 % |
| Total | 1 188 951 | 100 % |

*I. La répartition des sièges entre les listes concurrentes*

Le nombre de sièges à répartir est de 85. La liste L1, arrivée en tête, obtient les 22 sièges de la prime majoritaire (25 % des 85 sièges). Les 63 autres sièges sont répartis à la proportionnelle avec répartition des restes à la plus forte moyenne.

La répartition à la proportionnelle conduit à attribuer 60 sièges : 28 à la liste L1 (45,7 % de 63), 7 à la liste L2 (12,2 % de 63), 19 à la liste L3 (31,4 % de 63) et 6 à la liste L4 (10,7 % de 63) ; les 3 sièges restants sont attribués, selon la méthode de la plus forte moyenne, aux listes L1, L3 et L4.

Au total, la répartition des sièges est la suivante :

| | Sièges | % de sièges |
|---|---|---|
| L1 | 51 | 60 % |
| L2 | 7 | 8 % |
| L3 | 20 | 24 % |
| L4 | 7 | 8 % |
| Total | 85 | 100 % |

*II. La répartition des sièges entre les sections départementales de chaque liste*

Les sièges attribués à chaque liste sont répartis entre les sections départementales qui la composent au prorata des voix obtenues par la liste dans chaque département. Cette attribution opérée, les sièges restant à attribuer sont répartis entre les sections départementales selon la règle de la plus forte moyenne.

1. La répartition des 51 sièges de la liste L1

| | Résultats de la liste par département | Sièges répartis à la proportionnelle | Sièges répartis à la plus forte moyenne | |
|---|---|---|---|---|
| | Voix | Voix en % | | |
| D1 | 86 792 | 15,98 % | 8 | |
| D2 | 218 161 | 40,17 % | 20 | 1 |
| D3 | 79 384 | 14,62 % | 7 | 7 |
| D4 | 50 351 | 9,27 % | 4 | 1 |
| D5 | 108 371 | 19,96 % | 10 | |
| Total | 543 059 | 100 % | 49 | 2 |

Les 51 sièges de la liste L1 sont d'abord répartis entre les sections départementales au prorata des voix que cette liste a obtenues dans chaque département. Quarante-neuf sièges sont ainsi attribués. Les deux derniers le sont à la plus forte moyenne.

2. La répartition des 7 sièges de la liste L2

Il est procédé de la même manière pour la liste L2.

| | Résultats de la liste par département | Sièges répartis à la proportionnelle | Sièges répartis à la plus forte moyenne | |
|---|---|---|---|---|
| | Voix | Voix en % | | |
| D1 | 14 744 | 10,14 % | 0 | |
| D2 | 53 144 | 36,53 % | 2 | 1 |
| D3 | 15 713 | 10,80 % | 0 | 1 |
| D4 | 19 601 | 13,47 % | 0 | 1 |
| D5 | 42 270 | 29,06 % | 2 | |
| Total | 145 472 | 100 % | 4 | 3 |

3. La répartition des 20 sièges de la liste L3

| | Résultats de la liste par département | Sièges répartis à la proportionnelle | Sièges répartis à la plus forte moyenne | |
|---|---|---|---|---|
| | Voix | Voix en % | | |
| D1 | 67 855 | 18,20 % | 3 | 1 |
| D2 | 136 723 | 36,67 % | 7 | 1 |
| D3 | 45 354 | 12,16 % | 2 | |
| D4 | 42 774 | 11,47 % | 2 | 2 |
| D5 | 80 173 | 21,50 % | 4 | 4 |
| Total | 372 879 | 100 % | 18 | 2 |

4. La répartition des 7 sièges de la liste L4

| | Résultats de la liste par département | Sièges répartis à la proportionnelle | Sièges répartis à la plus forte moyenne | |
|---|---|---|---|---|
| | Voix | Voix en % | | |
| D1 | 20 512 | 16,08 % | 1 | |
| D2 | 51 827 | 40,64 % | 2 | 2 |
| D3 | 11 913 | 9,34 % | 0 | |
| D4 | 20 466 | 16,05 % | 1 | |
| D5 | 22 823 | 17,89 % | 1 | |
| Total | 127 541 | 100 % | 5 | 2 |

Au total, les résultats sont les suivants :

| | L1 | L2 | L3 | L4 | Total | Rappel du nombre d'élus par département avant 1999 |
|---|---|---|---|---|---|---|
| D1 | 8 | 0 | 4 | 1 | 13 | 12 |
| D2 | 21 | 3 | 8 | 4 | 36 | 36 |
| D3 | 7 | 1 | 2 | 0 | 10 | 10 |
| D4 | 5 | 1 | 2 | 1 | 9 | 10 |
| D5 | 10 | 2 | 4 | 1 | 17 | 17 |
| Total | 51 | 7 | 20 | 7 | 85 | 85 |

Le duc d'Aquitaine, pilote de la liste 1, dispose de 60 % des sièges obtenus à partir de 45,7 % des voix utiles (M. Bignon néglige les voix perdues des listes L5, L6, etc. inférieures au seuil et non comptées) qui se répartissent assez convenablement sur l'ensemble de la région.

Au prix, il faut bien le reconnaître, d'une certaine complexité dont tous les électeurs aquitains n'auront certainement pas eu conscience ou qui risque peut-être, faute de maîtriser l'enjeu, de les éloigner des bureaux de vote.

### Les systèmes mixtes équilibrés

Dans ces agencements, on confère une part plus ou moins égale à la RP et au scrutin majoritaire.

Il y a une cinquantaine d'années, au sein du Parti socialiste, un système de ce genre fut proposé par Étienne Weill-Raynal. Ce procédé, surtout connu par ses sigles ésotériques ABWR (du nom de ses auteurs, le socialiste autrichien Adler et les socialistes français Bracke et Weill-Raynal), est le seul qui, dans un but de justice électorale, tente de réduire au minimum le nombre des suffrages inutilisés, et de conserver le rapport entre le pourcentage de voix gagnées par un parti et le nombre d'élus qu'obtient ce parti. Pour ce faire, Weill-Raynal proposa un scrutin uninominal avec représentation proportionnelle intégrale. Le territoire métropolitain serait divisé en 332 circonscriptions ayant chacune un siège. Le parti qui recueillerait le plus grand nombre de voix dans chaque circonscription se verrait attribuer le siège de circonscription. Les suffrages obtenus par les autres partis seraient regroupés sur le plan national et serviraient à répartir à la proportionnelle les 212 sièges nationaux qu'il resterait à pourvoir.

L'Allemagne offre actuellement l'exemple d'un système voisin, juxtaposant harmonieusement la RP et le scrutin majoritaire. On lui a quelquefois donné le nom de « représentation proportionnelle personnalisée », ce qui est assez contradictoire dans les termes. La première moitié des sièges du *Bundestag* est attribuée dans le cadre des circonscriptions au scrutin uninominal majoritaire à un tour, l'autre moitié l'est à la représentation proportionnelle, au scrutin de liste dans le cadre de chaque *Land*. En usant du même bulletin, l'électeur dispose de deux suffrages : le premier pour exprimer son choix en faveur d'un candidat dans la circonscription, le second en faveur de la liste d'un parti dans le *Land*.

Les sièges sont attribués de telle façon que chaque parti dispose – sièges de circonscription et sièges de *Land* étant additionnés – du nombre de députés qui lui reviendrait d'après une répartition proportionnelle des votes des *Land*. Cependant, si un parti emporte, grâce au vote primaire dans les circonscriptions, un nombre de sièges supérieur à celui auquel il aurait droit en vertu de la représentation proportionnelle, il conserve ses élus, quitte à ce que le nombre total des sièges au *Bundestag* soit augmenté d'autant. Ce système concilie la justice dans la représentation, l'influence des partis, mais aussi la liberté de l'électeur et du candidat.

À vrai dire, le sort réservé par les électeurs aux premiers votes a évolué dans le sens d'une dépersonnalisation progressive du scrutin : en 1953, l'écart entre le premier et le second vote était, pour la CDU/CSU, de plus de 10 points. Aujourd'hui l'écart est très faible ; le second vote emporte le premier.

On doit noter enfin que ce système n'aboutit pas à une multiplication du nombre des partis représentés au Parlement (risque provoqué par le premier vote « personnalisé »), grâce à la règle introduite en 1956 selon laquelle un parti ne peut bénéficier de la représentation proportionnelle s'il n'a obtenu 5 % des voix à l'échelon national ou trois mandats directs : cette clause a été fatale au Bloc des réfugiés qui avait 27 sièges au *Bundestag* élu en 1953 avec 5,9 % des suffrages et les a tous perdus en 1957 pour n'avoir atteint que 4,6 % des voix au plan national. Jusqu'en 1994, le nombre de partis représentés au *Bundestag* n'a jamais été supérieur à quatre, les trois principaux d'entre eux obtenant régulièrement plus de 90 % des seconds votes (en 1976 : 99 %). Depuis la réunification, les excommunistes du SPD, qui conservent quelques fiefs dans l'Est, sont venus s'ajouter (30 en 1994, 36 en 1998) à la « bande des quatre ».

On ne doit pas s'étonner alors que ce mode de scrutin, fondamentalement proportionnel mais dont les résultats appellent une référence à la loi du cube, bénéficie aujourd'hui d'une grande vogue auprès des spécialistes en ingénierie électorale et se diffuse, progressivement et irrésistiblement, du Mexique au Japon, en passant par l'Albanie, l'Italie, la Russie et la Lituanie ; symbolique, son adoption par référendum (1992) en Nouvelle-Zélande, modèle de système bipartisan lié au scrutin majoritaire à un tour.

Ainsi en est-il en Hongrie depuis 1990, sous une forme particulièrement originale. Les 386 sièges de l'Assemblée sont pourvus de la façon suivante : 176 d'entre eux dans des circonscriptions uninominales au scrutin majoritaire à deux tours (au second tour ne peuvent se présenter que les trois candidats ayant obtenu le plus de suffrages ou plus de 15 % des suffrages exprimés) ; 152 sièges à la RP dans 20 circonscriptions régionales ; enfin, 58 sièges nationaux sont répartis entre les partis au prorata de leurs restes. Une telle formule garantit un minimum de représentation pluraliste et une surreprésentation du parti vainqueur au tour décisif du scrutin uninominal.

À cet instant, la mixité entre les deux modes de scrutin, majoritaire et proportionnel, est telle qu'il devient impossible de déterminer celui des deux qui entraîne ou limite les effets de l'autre. Sauf à affiner l'analyse en déterminant la part respective des sièges pourvus selon l'une ou l'autre des deux formules : 45 % des sièges en Hongrie, 50 % en Allemagne ou en Russie, 60 % au Mexique, 75 % en Italie, 80 % en Corée sont pourvus au scrutin majoritaire.

La RP demeure le mode de scrutin le plus couru de nos jours. Elle a été utilisée en 1999 dans les quinze États de l'Union pour les élections au Parlement européen – même au Royaume-Uni ! – dans des circonscriptions nationales ou locales, aux plus forts restes ou aux plus fortes moyennes, avec ou sans panachage, avec ou sans seuil d'éligibilité ; mais, dans tous les cas, avec des taux d'abstention considérables qui révèlent le rôle secondaire du Parlement européen dans la conduite des politiques publiques telles qu'elles sont appréciées par l'électeur européen.

Quand elle est utilisée en vue d'enjeux sérieux, nationaux, c'est... avec des ailes passablement rognées.

**Une utopie : le vote par assentiment**

Chacun se souvient, et il a été très largement dit, ailleurs, par d'autres, ce que fut le « coup de tonnerre du 21 avril 2002 ». Dans le confort paisible d'un duopole électoral qui semblait inébranlable car à l'apogée de son emprise sur le système institutionnel – nul n'envisageait d'autre combat final qu'entre les deux hérauts, seuls occupants réels de l'arène politique depuis 1995 –, chacun se préparait à goûter au spectacle annoncé comme la troisième et dernière reprise du duel entre Tancrède et Clorinde. Étant entendu que la défaite signifiait la mort politique du vaincu.

Et voilà que le tour préliminaire n'a pas rempli le rôle d'apéritif que chacun lui assignait : à l'image de celui de la Coupe du monde de football, quelques semaines plus tard, il a frustré le télecteur de la grande finale attendue, ici entre deux champions de « la droite » et « la gauche », ramenés parfois à leur caricature télévisuelle ou/et sondagière : « Super-menteur » et « le Chevalier blanc » pour certains, Zorro et le sergent Garcia pour d'autres. Il a fallu, dans l'urgence, démonter le ring et bouleverser le programme : la soirée acclamatoire et la fête qui l'a accompagnée se sont déroulées avant le second tour de scrutin, sous la forme de défilés bariolés, carnavalesques sous couvert de citoyenneté, orchestrés par les syndicats d'enseignants, certains partis politiques – mais pas tous – et une large majorité de médias électroniques dans des conditions qui ont suscité un froncement de sourcil fugace de la part du Conseil constitutionnel. La déception a été générale, il n'y a pas eu de farandoles place de la République, le vainqueur a balbutié quelques banalités sous l'ombre portée rassurante de son épouse déguisée en dame patronnesse, dans une ambiance en demi-teinte ; et la cérémonie d'intronisation n'a même pas été retransmise à la télévision.

Cette incongruité pose la question de la pertinence d'un scrutin à deux tours. On en comprend la finalité, exprimée par la règle d'or classique : au premier tour, on choisit, au deuxième on élimine. Lorsque aucun des candidats n'obtient la majorité absolue des suffrages exprimés au premier tour éliminatoire, l'élection prend une signification essentiellement négative : on choisit moins celui en faveur de qui on se prononce qu'on ne rejette celui dont on ne veut pas. Le premier tour est assimilable, disait en son temps Jean-Louis Seurin, aux primaires américaines « ouvertes » qui permettent aux électeurs de chacun des deux grands partis de choisir leur champion respectif. Mais encore faut-il qu'un intrus antisystème ne vienne pas casser leur duopole. Le système français pèche par une trop grande rigidité quand il rejette toute autre alternative que celle de la gauche et la droite, sur laquelle il repose fondamentalement et de toutes ses fibres quand on se souvient qu'il est finalement et intrinsèquement majoritaire pour la désignation de tous ses gouvernants à quelque niveau que ce soit. L'accident du 21 avril avait eu un précédent, en 1969, lorsque la démission inattendue du président de Gaulle avait surpris les partis de gauche déstabilisés par l'échec de la « Révolution-sic » de 1968 ; les deux finalistes se recrutèrent en fin de compte à droite et au centre-droit. Mais encore restait-on à l'intérieur du système de partis institués, dans une configuration de Troisième force que la IV$^{e}$ République avait pratiquée sans crise majeure entre 1947 et 1958. Depuis cette date, l'emprise du Parti socialiste sur l'électorat de gauche, et, dans le même temps, l'effritement de l'électorat du Parti communiste, les « guerres des chefs » (Giscard-Chaban en 1974, Giscard-Chirac en 1981, Chirac-Balladur en 1995) à droite n'avaient jamais interdit le déroulement du duel attendu et considéré comme incontournable par les entrepreneurs, les observateurs, les stratèges et leurs conseils.

On avait fait l'impasse sur le premier tour, oubliant que l'addition de miniscores obtenus par les « petits candidats » grignoterait nécessairement le capital des « gros » et que le seul ingrignotable antisystème en serait nécessairement l'heureux bénéficiaire.

N'est-il pas, dans ces conditions, légitime d'envisager l'économie de l'un des deux tours ? Le culte de la majorité plaide, fortement, contre cette idée. On fait valoir que la légitimité du président élu est renforcée par la majorité absolue des suffrages qu'implique le duel du second tour ; on invoque le contre-exemple des chefs d'États latino-américains longtemps fragilisés par un tour unique à la majorité relative, à laquelle la plupart des constitutions renoncent aujourd'hui progressivement au profit du modèle français de 1962. On évoque – parfois on invoque – la nécessaire bipolarisation des forces politiques, condition nécessaire mais non suffisante d'efficacité gouvernementale ; on disserte sur les mérites incontestables de l'alternance au pouvoir que les scrutins majoritaires rendent plus probable – et les exemples abondent, puisés dans l'histoire politique des systèmes bipartisans anglo-saxons ; nous y avons nous-mêmes succombé plus haut, avec la touche d'exotisme qui convient, tirée de l'exemple néo-zélandais, du « modèle de Westminster » au « modèle de Wellington » : MW !, du *two-party system*.

L'épithète « abracadabrantesque » ayant été transféré du discours politique à l'analyse politologique par notre collègue Serge Sur, nous nous abriterons derrière sa toge pour poser la question qui nous semble la bonne : n'est-il pas envisageable d'économiser un tour devenu périlleux et peut-être inutile sans tomber dans les errances sud-américaines ? Parce qu'ils épousent trop volontiers les intérêts des partis entrepreneurs politiques, les spécialistes en ingénierie électorale n'y répondent pas, car ils restent prisonniers de leur clientèle : les partis politiques qui sont aujourd'hui l'objet essentiel, parfois exclusif, de leurs préoccupations. La lecture de Sartori ou de Lijphart en convainc aisément, un « bon » système électoral doit, à leurs yeux, aider à l'efficacité et l'harmonie de la gouverne. L'électeur-consommateur est en arrière-plan, agent passif d'opérations que les partis maîtrisent.

On a alors tendance à occulter un des éléments-clefs de la légitimité de l'ensemble institutionnel, qui s'exprime par le silence gardé de l'électeur : La participation électorale est volontiers considérée comme une manifestation de communion, d'adhésion quand elle est forte, de passivité ou d'incompétence quand elle faiblit, d'éloignement, voire d'hostilité, quand elle chute au-delà d'un seuil dont on ne fixe jamais précisément le niveau faute d'instrument de mesure patenté. C'est le moment de la désolation, de courte durée chez les entrepreneurs pour qui l'essentiel est dans la conquête de l'instrument du pouvoir ; on garde en mémoire le résultat brut, on oublie les conditions de son obtention. Et rarissimes sont les dispositions constitutionnelles : il n'y a guère qu'en Serbie que le président ne peut être proclamé élu que s'il a recueilli la majorité absolue des suffrages des électeurs inscrits.

Mais cette règle, dont la portée réelle n'est d'ailleurs pas avérée, peut être lourde d'inconvénients lorsque la faiblesse du niveau de l'offre politique décontenance le corps électoral ; elle peut aboutir à perpétuer l'intérim au-delà du raisonnable – ce fut le cas en Serbie en 2002 –, voire à bloquer le système institutionnel.

Trouver une forme de scrutin à un seul tour qui soit à la fois mobilisateur et significatif devient alors une véritable obligation pour tous les systèmes majoritaires à dominante plébiscitaire (ou présidentialiste) qui impliquent le recours au suffrage universel – qu'il s'agisse du président de la République ou du Premier ministre, peu importe au fond, il s'agit chaque fois du principal détenteur de l'appareil décisionnel, *helmsman* dans la métaphore de Karl Deutsch.

Ce recours implique d'abord le suffrage universel direct. On a vu les problèmes posés par le recours aux grands électeurs américains et la pantalonnade de 2000, dont on rappelle qu'elle concerne moins l'intervention décisive de la Cour suprême dans la désignation du vainqueur que le fait que ce dernier ait obtenu moins de suffrages populaires que son concurrent. La démocratie médiatique répugne à l'intrusion des intermédiaires.

Il implique également l'obligation de voter, sans laquelle il est évident que le seuil symbolique des 50,01 % est plus difficile à atteindre. On ne rappellera pas les polémiques qu'elle induit, sauf à redire à ses détracteurs qu'elle est en vigueur dans quelques pays qui figurent tous en tête du palmarès des polyarchies, dressé par Arend Lijphart, que nul ne conteste : l'Australie, la Belgique n'ont pas la réputation d'attenter quotidiennement à la démocratie ; à l'inverse, en Irak, chacun peut juridiquement s'abstenir.

La difficulté essentielle consiste à rassembler en un seul tour de scrutin les deux fonctions, de choix et d'élimination, qu'assure le scrutin à deux tours et dont, rappelons-le, l'élection à l'anglaise – *The first past the post* – n'assure que la seconde. On la trouve uniquement dans la littérature scientifique de spécialistes de théorèmes électoraux, confinée dans quelques lignes vite oubliées, dans la formule dite du « vote par assentiment » – en anglais dans le texte, *approval vote* – inventée dans les années soixante-dix par deux auteurs américains, Steven J. Brams et Peter C. Fishburn ; l'ouvrage pionnier, du premier, date de 1976 : un mémoire universitaire à forte dominante mathématique. *Approval Voting* (édité en 1983 à Boston, chez Birckhauser) en est la formulation la plus élaborée. Superbement ignoré par les ingénieurs électoraux européens, à l'exception de Michel Balinski, qui dirigea en 1995 une thèse de doctorat en économie de l'École polytechnique sur ce sujet (Mann, 1995). À peine évoqué – et en anglais – par André Blais et Louis Massicotte dans une revue exhaustive des systèmes électoraux en vigueur à la fin du XX$^{e}$ siècle. Mais en vigueur dans les institutions scientifiques les plus réputées aux États-Unis, parmi lesquelles la Mathematical Association of America – pour l'élection de son président parmi ses quelque 30 000 membres – et l'Institute of Electrical and Electronics Engineers (plus de 300 000 membres). On imagine sans difficulté que ses mérites et ses inconvénients éventuels y ont fait l'objet d'examens approfondis et d'observations pertinentes !

La formule du vote par assentiment séduit fondamentalement parce qu'elle est libératrice pour l'électeur qui peut exprimer un choix sans contrainte. Imaginons une élection présidentielle uninominale (« à la française ») où 16 candidats sont en présence dans un ordre de présentation tiré au sort par le juge de l'élection après qu'il eut validé la liste des parrainages requis par la loi (hypothèse 2002). Chacun des 41 194 689 électeurs inscrits dispose d'un bulletin sur lequel figurent les noms et prénoms de ces 16 candidats, suivis d'une case à cocher éventuellement d'une croix. L'électeur peut cocher librement autant de cases qu'il veut, entre zéro – « Je ne veux aucun d'entre eux. » – et seize – « Tous me conviennent également. » Sera déclaré élu celui ou celle des candidats ayant obtenu le plus grand nombre de suffrages, c'est-à-dire tout à la fois le plus grand nombre de partisans et le plus petit nombre d'adversaires.

Car il faut bien comprendre que le choix de l'électeur comporte, dans une proportion qu'il détermine librement, une part variable d'adhésion et de répulsion, qui se manifeste à travers les noms cochés. On peut imaginer, en effet, trois types d'attitudes dans le corps électoral.

1) Ceux qui ont effectué un choix politique ferme et déterminé. Ils votent pour *leur*, à défaut *leurs*, candidat dont ils veulent la victoire : Le Pen et lui seul, ou Le Pen et à défaut Mégret ; Laguiller et elle seule, ou Laguiller et à défaut Besancenot ou Gluckstein – peu importe au fond. Dans ces exemples, le choix est positif, politiquement cohérent, rationnellement construit, il est clairement majoritaire ou alternatif.

2) Ceux qui recourent au panachage, dont les motivations sont plutôt de type associatif et qui rallient un camp tout en laissant sa chance au champion du camp adverse. Leur vote est de type préférentiel. Ils cochent Hue, Jospin, Chevènement mais aussi Chirac, qui est à leurs yeux un moindre mal parce qu'il a montré une réelle aptitude à présider sans gouverner, ou, pourquoi pas, Bayrou, qui incarne une droite rajeunie et proche de la social-démocratie – le plus à gauche des candidats de droite. Le vote de ces électeurs est particulièrement informé, quelque peu sophistiqué et réalise les deux tours de scrutin en un seul.

3) La troisième attitude est au contraire la plus brutale, la plus négative et consiste à procéder d'emblée par élimination : on peut ne voter que pour les femmes, pour les moins de cinquante ans, pour les non-fonctionnaires, etc. Toutes les fantaisies sont admissibles dans un comportement marqué fondamentalement par l'hostilité ; à la limite, on ne votera peut-être pour personne – « Tous pourris ! » – ou pour tous les candidats – « Aucun ne me plaît particulièrement » –, ce qui revient au même.

En fin de compte sera élu celui ou celle qui a recueilli l'assentiment du plus grand nombre, et la possibilité offerte aux électeurs d'exprimer plusieurs choix accroît ses chances d'obtenir un nombre de suffrages supérieur à la majorité absolue des bulletins déposés, d'autant que l'on imagine le recours à l'obligation de voter. On peut imaginer, en outre, une participation accrue par l'attrait de l'offre électorale : chaque citoyen peut à bon droit estimer que son bulletin est plus intelligent, donc plus intéressant – plus valide – que celui de son voisin. Enfin, tous les bulletins comptent et sont significatifs d'une volonté citoyenne.

Quelle valeur peut-on accorder au vote par assentiment ?

On notera tout d'abord qu'il peut être à finalité uninominale mais aussi plurinominale, en vue de pourvoir un ou plusieurs sièges. Avec une seule limite, qui est celle de la lisibilité des candidatures. Au-delà d'un certain seuil – que nous proposons de fixer arbitrairement à la vingtaine – l'offre est trop éparpillée pour que l'électeur s'y retrouve ; on l'a bien vu à l'occasion de la présidentielle de 2002, où seize candidatures ont discrédité le mode de scrutin utilisé. Une première conséquence est que la formule plurinominale ne peut être utilisée que dans de petites unités, quand le système politique est délibérément multipartisan.

On a pu surtout objecter que ce mode de scrutin, dans des circonscriptions étroites, peut être source de manœuvres – comme tout système autorisant le panachage – de la part de groupes minoritaires alliés « contre-nature » – les « antisystèmes » des deux bords – en vue d'éliminer quelques personnalités dérangeantes. On insiste alors sur le caractère finalement négatif d'un procédé qui risque de favoriser l'immobilisme, quand le vainqueur est au bout du compte celui qui compte le moins d'adversaires, le plus associationnel au sens de Lijphart, le moins programmatique (Queuille l'immobiliste plutôt que Mendès, aurait-on dit en 1954). En tout cas, à en croire Brams et Fishburn, ce ne sera pas un extrémiste : ils assurent que le rapport modérés/extrémistes est toujours de deux contre un. En 2002, le duel final entre Jacques Chirac et Lionel Jospin aurait certainement eu lieu grâce à un plus grand nombre de bulletins panachés en leur faveur, si l'on en croit les indications données par les sondages préélectoraux.

On vient d'écrire : « par les sondages ». Dans sa thèse précitée, Laurent Mann met l'accent sur la relation entre le vote par assentiment et la démocratie sondagière – ou « sondocratie » – dans des termes peu intelligibles pour qui n'a pas fréquenté l'École polytechnique, mais qui suggère de pousser un peu plus loin sa réflexion personnelle. La large palette d'attitudes offerte à l'électeur implique que son choix soit prioritairement rationnel (il n'y a pas d'assentiment dans un tirage au sort, il n'y a que de l'aléatoire), c'est-à-dire qu'il soit celui d'un citoyen engagé dans le champ politique et doté d'un minimum de compétence civique, fondamentalement informé des enjeux qui soutiennent – « supportent » – l'acte de vote. Dans le sondage d'opinion, la réponse de cet électeur est donnée volontiers à une question ouverte, du type de celles qui sont utilisées dans les « baromètres » de popularité : « Pour chacune des personnalités politiques suivantes, souhaitez-vous lui voir jouer un rôle important au cours des mois et des années à venir ? » (Baromètre mensuel Sofres-*Figaro Magazine*. Une trentaine de noms sont proposés. Un protocole identique – à partir de 50 noms – est utilisé pour le « top 50 » IFOP-*Journal du dimanche* : « Les interviewés ont eu à choisir les personnalités qui comptent le plus pour eux, qu'ils aiment le mieux. »). La notoriété des « personnalités » proposées rend plus pertinentes les réponses données.

Laurent Mann assure : « À l'aide des sondages, les électeurs donnent et reçoivent de l'information. Ils s'ajustent mutuellement jusqu'à ce que le point de stabilité soit trouvé. C'est en quelque sorte un mécanisme de tâtonnements [...] Chacune des décisions est cohérente avec toutes les autres [...] Le processus électoral du vote par assentiment est un mécanisme rapide d'agrégation des préférences individuelles en un choix collectif par apprentissage mutuel [...] C'est l'unique système de vote à un tour de scrutin permettant à tout électeur l'expression d'un vote à la fois optimal et sincère, et ce quel que soit le nombre des candidats en présence. Ou, autrement dit, confronté au vote par assentiment et aussi sophistiqué soit-il, un électeur n'est jamais tenté de voter à l'encontre de ses vraies préférences. Du fait du nombre important de décideurs, le vote par assentiment est non manipulable. »

Reste à savoir s'il en est de même de l'électeur et du sondé. Et chacun, à cet instant, peut épiloguer sur la liberté du sujet interrogé ou de l'électeur sollicité. Dans les deux cas, elle nous semble être de même nature que celle du consommateur dans un marché ouvert, passablement orienté par les contraintes de l'information dont il est la cible. Mais n'est-ce pas le prix, supportable, à payer pour tenter de rationaliser l'acte électoral ?

# Cinquième partie

# La régulation du marché électoral : litiges et contentieux

Dans leur édition de 1845 (à Limoges chez Barbou frères, imprimeurs libraires), *Les Quarante Codes des Français* comportaient en annexe la « loi électorale du 22 avril 1831 » : 78 articles en onze pages. Le *Code électoral 2002* des Éditions Dalloz s'étend sur 670 pages de textes et commentaires. En 1986, notre collègue Louis Favoreu considère avec indulgence et un brin de condescendance ceux des juristes ou politistes qui « continuent à s'attacher à l'étude des problèmes traditionnels de systèmes électoraux » ; en 2003, il organise à Aix une table ronde internationale de justice constitutionnelle sur le thème : constitution et élections. Puisque le droit positif s'en est emparé, il faut se réjouir de constater que le système électoral est devenu une réalité pour tous les observateurs de la réalité sociale.

Partout aujourd'hui, le droit électoral est considéré comme un chapitre fondamental du droit politique, le plus important peut-être puisque le choix des détenteurs du pouvoir et son encadrement juridique qui les transforme en titulaires légitimes des compétences gouvernementales et normatives permettent à eux seuls de cataloguer les systèmes politiques ; il est incontestablement la pierre de touche de la polyarchie. L'opération électorale, plus précisément encore l'acte de vote, est son objet essentiel et c'est autour de lui que nous en résumerons ici les têtes de chapitre.

Une observation qui, pour être liminaire, n'en est pas moins essentielle : le droit électoral est, partout, le produit de ceux à qui il s'applique. Il n'y a guère d'exception à cette règle, sauf à l'occasion de bouleversements dramatiques, de crise gravissime du système politique, comme ce fut le cas il y a peu dans les Balkans : le système électoral de la Bosnie-Herzégovine a été importé en même temps que la constitution puisque c'est la totalité des règles du jeu qui ont été mises à plat et reconstruites. Très généralement, c'est le Parlement qui installe et modifie à son gré, par voie législative, l'ensemble, et parfois dans d'infimes détails, du système électoral. Dans la mesure où le principe représentatif et la souveraineté parlementaire sont allés de pair, on a pu constater la pertinence de l'observation à Westminster où, dit-on, « le Parlement peut tout faire, sauf changer un homme en femme » – et encore cette restriction n'est-elle plus tout à fait vraie de nos jours – puisqu'il n'est soumis à aucune contrainte constitutionnelle écrite. Rien ne lui interdit, juridiquement, d'abolir l'hérédité monarchique et d'installer, à Buckingham Palace ou ailleurs, un président de la République doté de compétences symboliques ou réelles. L'anglomanie constitutionnelle aidant, nos maîtres ont diffusé cette croyance, parfois sans réserve : plus le Parlement organise librement la démocratie politique, mieux celle-ci se porte.

Dans la politique, si le cadre général de l'armature du système politique est de nature constitutionnelle, c'est la loi qui le remplit. Quand il s'agit de l'État, on la qualifie parfois d'organique, ce qui marque la solennité de son adoption et un régime spécial de modification au gré du rapport des forces politiques. Avec un risque permanent de perversion au bénéfice de ceux qui détiennent le pouvoir normatif, naturellement tentés de concocter quelque recette qui les aidera peut-être à poursuivre leur œuvre en demeurant au pouvoir, on modifie les conditions d'éligibilité liées à la nationalité – c'est alors « l'ivoirisation » de la candidature présidentielle à Abidjan – ou à l'obligation de résidence sur le territoire national – c'est alors l'élimination pour défaut de quitus fiscal du principal rival à la réélection du président togolais. Tous les obstacles et les pièges imaginables ont été trouvés et alimentent les chicaneries. Parfois, on n'hésite pas à faire sauter le verrou constitutionnel en le révisant – au Togo, en 2003 – ou en l'abrogeant – en France, en 1851.

Il est vrai que l'on assiste aujourd'hui à une constitutionnalisation progressive du droit électoral, sous l'influence conjuguée de l'expérience et du mimétisme. Pour éviter les dévoiements possibles, les textes fondamentaux deviennent de plus en plus précis ; ainsi l'article 7C relatif à l'élection du président français a plus que triplé de volume depuis 1958. Et leur contenu est souvent dicté par des traités internationaux dont la prégnance sur le droit national devient très forte : l'accès au Conseil de l'Europe et à la « Maison Commune » qu'il abrite est soumis à des conditions strictes de pluralisme politique, comme on l'a vu. Alors, malgré des réticences en partie excusables, S.A.S. le Prince Rainier de Monaco a dû en 2002 passer sous le joug afin de mettre le système électoral de la principauté en conformité avec les principes fondamentaux du Conseil de l'Europe ; on a adopté, avec des résultats inattendus, la formule du double vote à l'allemande.

Les manipulations de la loi électorale ne sont pas toujours couronnées de succès, c'est la raison pour laquelle on la remet sur le métier ! On se souvient par exemple des mésaventures du candidat Lionel Jospin lors des dernières élections présidentielles françaises de 2002, auxquelles une inversion maladroite du calendrier électoral a vraisemblablement contribué : sur le conseil de politastrologues à courte vue, appuyant un constat irréfutable selon lequel quand deux scrutins sont proches l'un de l'autre, les résultats du premier influencent lourdement le second – c'est la loi du suivisme politique –, le gouvernement du candidat socialiste a choisi de placer l'élection législative dans le sillage de l'élection présidentielle qu'il pensait remporter. On se souvient de la suite : la double déroute de la « gauche plurielle ». On se souvient moins de la demi-défaite du président Mitterrand en 1986 : conformément à un engagement pris en 1981, il a provoqué un changement complet du mode de scrutin ; la RP départementale a remplacé le scrutin majoritaire ; l'objectif premier était de sauver la majorité, le second, inavoué, était de paralyser ou de compromettre un gouvernement de droite en faisant entrer le Front national au Palais-Bourbon ; celui-ci fut atteint, le gouvernement Chirac issu des élections de 1986 fut celui d'une droite molle parce que minoritaire.

Enfin, il n'est pas indifférent de constater que la politique est aujourd'hui plus qu'avant saisie par le droit électoral avec des conséquences non négligeables pour le contenu et la sanction de ce droit. Bien qu'ils n'apprécient guère de s'aventurer « le hallier politique », les juges constitutionnels n'hésitent plus aujourd'hui à sanctionner les infractions que le législateur électoral s'abandonne à commettre. Exemplaires, les péripéties, qu'on a rappelées plus haut, relatives à la détermination du seuil d'accès au second tour des futures élections régionales. Le Conseil constitutionnel s'est saisi de la perche tendue adroitement par Guy Carcassonne, inspirateur avisé du recours des députés socialistes : un vice de procédure, rien qu'un vice de procédure ! Mais chacun avait compris le non-dit de la décision rendue et, pour le gouvernement, l'inutilité d'aborder un débat au fond avec « les bouches du droit » constitutionnel.

Il faut reconnaître les risques de délégitimation pour excès de pouvoir que le juge encourt dans cette intrusion ; politique et justice ne font pas toujours bon ménage et ne cohabitent pas en harmonie spontanée. La première invoque volontiers le peuple souverain au nom duquel la seconde est rendue. Quand elles s'affrontent, l'égalité des armes n'est pas totale et le gouvernement d'opinion ne fait pas toujours pencher la balance dans le sens de la légalité. À preuve, les péripéties déconcertantes pour le juriste et le politiste, qui ont accompagné le scrutin présidentiel américain de l'an 2000, où l'on voit un vulgaire incident technique de dépouillement du vote provoquer le plus cocasse des imbroglios qui se puisse imaginer, au terme duquel c'est le juge suprême qui, en opportunité, décide d'arrêter la procédure, quitte à désigner un vainqueur qui n'est pas celui des électeurs. Paradoxalement, on doit s'en réjouir quand on constate que cette emprise du droit, si elle peut sembler scabreuse, a été intégrée par le système politique sans véritable contestation. Le « verdict des urnes » s'est imposé mais tel que démantelé et reconstruit par les juges, et la légitimité du président Bush n'a été remise en cause par personne, même pas par son principal concurrent.

## Chapitre I

# Les litiges

Sous le bénéfice de ces observations, on peut rassembler les principales dispositions du droit électoral autour des deux objectifs qu'il poursuit pour l'essentiel dans la construction et la permanence du système polyarchique : liberté et sincérité de l'acte de vote.

### La liberté de l'électeur

Elle implique, prioritairement, son droit à participer au scrutin, en d'autres termes de n'y pas participer s'il ne le désire pas. La première question est alors celle de l'obligation de voter. Par ailleurs, un choix libre doit être exempt de toute pression : le secret du vote et, plus généralement, la mise en condition des électeurs posent une seconde série de problèmes.

Par tradition, dans la majorité des démocraties de la première génération, l'obligation juridique de se rendre aux urnes a été rejetée comme contraire au principe de l'électorat-droit ; le vote y est attaché à la personne du citoyen et non-assimilable à une fonction publique. Et ce n'est pas abuser de son droit que de n'en pas user. Une telle attitude présente malencontreusement une contrepartie irritante car délégitimante du système institutionnel : *l'abstentionnisme.*

Celui-ci est un enfant mal-aimé du suffrage universel, qui veut marquer l'accord de tous, au moins du plus grand nombre, avec les politiques conduites par les gouvernements et la personne même de ces derniers. La participation électorale est considérée très généralement comme un indicateur irréfragable de la légitimité des institutions, du consensus démocratique. Un système politique boudé par les électeurs est jugé mal en point, un taux de participation élevé est un signe de bonne santé. Il est indispensable de lutter contre l'abstentionnisme.

Cette lutte passe alors par toute une série de pratiques dont les avantages et les inconvénients s'équilibrent souvent. On songe d'abord à la fixation du jour du vote ; elle n'est pas indifférente, car en zone rurale on reste à la ferme ou dans les champs lorsqu'il neige ou quand on moissonne, en ville on rechigne à sacrifier les vacances d'hiver prévues de longue date à la montagne. Et il n'y a guère qu'aux États-Unis que la date des scrutins est fixée une fois pour toutes – les élections présidentielles, « le premier mardi suivant le premier lundi du mois de novembre de chaque année bissextile » – selon un calendrier que la Constitution et la Cour suprême interdisent de bousculer sous quelque prétexte que ce soit. Il n'est pas indifférent non plus que le jour choisi soit chômé ou ouvré, la seconde solution peut éloigner des urnes le salarié qui pointe, la première ajoute la fête à l'élection – mais qui paiera les heures de travail perdues ? La France, fille aînée de l'Église (catholique), a choisi depuis des lustres le dimanche et voyait les bureaux de vote se remplir à la sortie de la messe de onze heures – avec le risque majeur de voir le vote des fidèles pollué par le sermon du curé. Mais se pose la question du bien fondé de cette option depuis que la civilisation des loisirs et des résidences secondaires donne une préférence à la santé des corps sur le salut des âmes ; on va à la messe le samedi soir... quand on y va. Une autre solution consiste peut-être à étendre l'ouverture des bureaux de vote sur plusieurs jours en accompagnant cette facilité d'appels au civisme par les médias ; elle est utilisée ici ou là, en Israël, aux États-Unis, au Canada, au bénéfice de certaines catégories d'électeurs (militaires, étudiants) et pour tous en Finlande, en Norvège, en Suisse – deux jours – et cinq jours en Inde où les électeurs potentiels se comptent par centaines de millions. À cette pratique on oppose volontiers les risques de fraude liés à la garde des urnes – ce sont souvent ceux qui les surveillent qui les bourrent !

Dans le même esprit se pose également la question apparemment mineure, anecdotique, de décider si le jour de vote doit être déclaré ouvré ou férié. Si l'on se place dans une perspective théorique, on retrouvera la confrontation entre les deux écoles antagonistes de l'électorat-droit et de l'électorat-fonction. La première implique que tous les citoyens soient également mis en mesure d'exercer effectivement une de leurs compétences essentielles ; ils doivent être libérés de toute entrave à l'accès à l'urne, parfois éloignée de leur domicile. La seconde découpe la citoyenneté en tranches et considère – *business as usual* – que l'individu organise sa journée en fonction d'un agenda et qu'il a seulement, un jour fixé préalablement, rendez-vous avec l'urne comme il aurait par ailleurs rendez-vous avec un fournisseur, un client, un dentiste ou... sa maîtresse ! C'est à lui de hiérarchiser les urgences et de choisir où il se rendra de cinq à sept ! La seule obligation de la puissance publique est de rendre l'urne disponible le plus longtemps possible.

Une autre perspective prend en considération l'idée toute simple selon laquelle « l'élection, c'est la fête », un facteur de mobilisation populaire, une communion civique, une eucharistie d'un genre nouveau qui donne naissance à un nouveau Messie. L'acte de vote participe du sacré du pouvoir et le temps qui lui est consacré sort de la quotidienneté. Alain Garrigou nous rappelle, après Tocqueville, que le suffrage universel, quand il est instauré en France en 1848, s'exerce pour ainsi dire collectivement : l'urne est installée au chef-lieu de canton et on se rend au bureau de vote en procession, tous derrière le maire, pour ce qui est une véritable « parade » ; les déplacements individuels sont rares, la règle est celle de l'expression d'une solidarité communale entretenue par la fête, un tel déplacement s'accompagne forcément de libations – et quelques séquelles en forme de querelles de clocher qui tournaient souvent en batailles rangées de type de celles qui concluent encore aujourd'hui les fêtes paroissiales. Plus près de nous dans le temps, l'initiation africaine au suffrage universel appelle d'identiques pratiques ; alors même qu'il n'y a qu'un seul candidat autorisé et que l'opération matérielle de vote n'a pas lieu – parce que, selon le droit électoral britannique, le siège est « non contesté » *(uncontested)* –, tous les électeurs passent la journée sur la grand-place du village à danser et chanter les louanges du vainqueur. « Dans cette Afrique qui se veut "communaucratique", le parti officiel se porte garant de l'intégration nationale. » Nous résisterons à la digression facile sur la dérive des entreprises politiques du XXI^e^ siècle débutant vers la manifestation publique, le défilé – procession ou « vidé » carnavalesque d'inspiration religieuse ou païenne –, dont le message est démultiplié par la sonorisation et les caméscopes. Au point qu'on compte – en France entre le 21 avril et le 10 mai 2002 – les électeurs dans la rue plus volontiers que devant les urnes. Mais nous noterons qu'aux États-Unis, où l'on vote depuis toujours « en tenue de travail » dans des entrepôts, des gymnases ou des arrière-boutiques, il est de plus en plus question de déclarer *Election Day* férié, pour réconcilier le civisme et la fête.

Lorsque tous les autres stimulants ont échoué, l'ultime recours est celui de l'obligation de voter. Il ne bénéficie pas d'un préjugé favorable, bien au contraire ; au point que l'entrée « vote obligatoire » ne figure pas dans les dictionnaires spécialisés les plus réputés. En effet, pour les théoriciens de l'électorat, que celui-ci soit conçu comme un droit ou comme une fonction, il n'est pas concevable que son titulaire soit tenu par la loi de l'exercer. Nul ne conteste la renonciation à un droit, nul ne se sent autorisé à contraindre celui qui renonce à la fonction qui lui est conférée ; mais dans ce cas, l'évocation de la démission de l'agent public ouvre une brèche dans le raisonnement : on peut plaider que l'électeur est « en charge » d'une fonction publique tout comme le juré d'assise ou le conscrit appelé sous les drapeaux. « Ici commence le pays de la liberté », est-il écrit sur les poteaux-frontières de l'An II, dont il est bien entendu, nous rappelle François Borella, que le citoyen doit le défendre « sous les armes et dans les urnes ». La démission n'existe que parce qu'elle est acceptée et c'est ainsi que le déserteur se distingue de l'inapte, l'abandon de poste de la résiliation des fonctions, l'abstention du vote blanc.

L'éternelle confrontation entre les droits de l'homme individu et les devoirs de l'homme social peut être éludée lorsqu'il est possible de raccrocher l'obligation de voter à une valeur morale qui la rende socialement incontournable, et force est de constater qu'on ne la trouve plus guère aujourd'hui dans le discours des prophètes médiatiques, d'autant que la déconsidération des entrepreneurs politiques trouve de solides ressources dans le registre de la morale : « Tous pourris ! » Une revue du droit positif du système démocratique la fait alors apparaître très généralement en Amérique centrale et latine – partout, sauf en Colombie et avec des exceptions au bénéfice des vieillards au Brésil et en Équateur – et ici ou là en Europe – au Benelux, en Autriche, en Grèce ou en Turquie –, en Australie enfin. L'idée est chaque fois la même : dans des démocraties naissantes, qui implantent le suffrage universel, sacraliser le citoyen et, par contrecoup naturel, la décision qu'il prend ou les gouvernants qu'il désigne. L'exemple de la Grèce est édifiant : c'est en 1975, au sortir de la dictature, après un siècle et demi de pratiques électorales désordonnées que le vote obligatoire est instauré pour tous les citoyens âgés de 21 à 70 ans et résidents à moins de deux cents miles de leur circonscription.

À dire vrai, le vote obligatoire ne se justifie vraiment que lorsque son usage est une condition essentielle de la sincérité du scrutin, à savoir quand celui-ci est de type majoritaire à deux tours, assorti d'un seuil d'accès au second tour calculé par rapport aux électeurs inscrits. Comme nous l'avons vu plus haut, il s'agit là d'un piège aux abstentionnistes : plus leur nombre est important, plus le seuil s'élève et plus l'accès au second tour devient difficile. Du même coup, le taux d'abstention au premier tour est un élément déterminant du résultat obtenu au second. Car tous ceux qui s'abstiennent, sans s'en rendre compte, votent pour les partis les plus forts en participant très directement à l'élimination des partis « du second peloton ». L'observateur naïf doit constater, en s'en étonnant un peu, que cet aspect malicieux et passablement pervers des règles du jeu électoral national – un seuil de 12,5 % – et régional – un seuil de 10 % – en France n'est jamais évoqué dans le débat public. Sans doute parce que ce dernier est toujours focalisé sur les partis, jamais sur les électeurs. Le vote obligatoire serait pourtant la seule contrepartie équitable d'un mécanisme qui donne à la non-participation une fonction déterminante sur le résultat du vote.

Toute obligation implique une sanction. Dans notre affaire, on l'imagine volontiers d'ordre civique, moral plutôt que financier. En Belgique, depuis 1893, le droit de vote « apparaît comme une fonction qui doit être assumée [...] Les sanctions peuvent aller jusqu'à priver un citoyen de l'ensemble des droits politiques, y compris la faculté d'accéder à un emploi public. » En pratique, il est relativement aisé d'échapper aux sanctions. La loi luxembourgeoise du 16 août 1919, qui instaure le suffrage universel, pose dans son article 68 : « Les électeurs ne peuvent se faire remplacer, le vote est obligatoire. » ; l'article 179 aménage cette obligation : « Une première abstention non justifiée est punie d'une peine d'amende de un à dix francs et, en cas de récidive, des peines plus lourdes sont possibles pouvant aller jusqu'à la radiation des listes électorales et à l'interdiction de recevoir toute nomination, promotion ou distinction. La loi prévoit cependant que l'électeur qui se trouve empêché de participer au scrutin peut adresser une demande d'excuse au juge de paix. » Aux Pays-Bas, depuis 1917 et jusqu'en 1970, l'obligation était satisfaite lorsque l'électeur se présentait au bureau de vote, sans plus.

Reste à apprécier l'incidence du vote obligatoire sur la participation électorale ; elle n'est pas la même partout. Très forte en Australie (95,8 % de participation en 1993), forte en Belgique (83,7 % en 1995), au Brésil (82,9 % aux présidentielles de 1994) ou au Costa Rica (81,1 % en 1994), beaucoup plus faible au Chili (51,8 % aux présidentielles de 1993). Les ordinateurs des spécialistes calculent qu'elle augmente en moyenne de 7 %, ce qui n'est pas mince si l'on considère par surcroît qu'elle s'insère forcément dans une politique délibérée de socialisation politique qui lui donne seule sa pleine signification.

### Les atteintes à la sincérité du vote

Elles sont manifestes lorsque les élections sont truquées : il ne s'agit pas d'hypothèse d'école, car les moyens de communication de masse permettent de violenter aujourd'hui sur le plan idéologique la volonté des électeurs, comme la force ou l'astuce le permettaient traditionnellement.

On raconte encore de nos jours en Martinique l'histoire de ce conseiller général prestidigitateur qui faisait sortir des urnes des colombes... et 100 % de suffrages en sa faveur. Certains prétendent qu'à Fort-de-France, en 1967, on a trouvé sur la liste électorale le nom d'un citoyen qui aurait rempli son devoir d'électeur à l'âge de 127 ans. À Marseille, les morts ont longtemps voté. Jusqu'à tout récemment, dans certains villages corses, il y avait plus d'électeurs que d'habitants et l'on raconte qu'à l'aéroport de Bastia, les jours d'élection, on échangeait un bulletin de vote contre un billet d'avion ! Aux États-Unis, on a longtemps expliqué que si les Noirs votent peu, c'est parce qu'ils sont « naturellement craintifs » ! Le contentieux électoral est plein de ces anecdotes plaisantes et un peu déprimantes de pressions sur les électeurs, de coups et blessures, d'urnes volées, de subventions promises, d'argent distribué. « L'élection est un match », écrit Georges Lavau. Ajoutons que les coups bas ne sont pas toujours sanctionnés.

Alors, force est d'abord de poser comme hypothèse de travail que la fraude électorale est moins évidente lorsque le pluralisme politique est mieux assuré, quand les partis d'opposition ont véritablement la possibilité de contrôler les opérations et quand un juge indépendant est en mesure de contraindre les acteurs à respecter la règle du jeu, quitte à sanctionner les plus hautes autorités de l'État, si besoin est.

On entre dans la saga des élections truquées qui nous mène des Philippines au Mexique, en passant par Panama, et dont les chapitres s'intitulent : candidat assassiné, candidat bastonné, urnes bourrées, électeurs achetés, etc. Mais tout ceci n'est porté à notre connaissance que parce que la pression extérieure sur les gouvernements de ces États les contraint à accepter la présence d'observateurs étrangers plus ou moins au fait de pratiques parfois plus discrètes. Du coup, on se demande ce qui se passe là où personne n'observe : par exemple dans les États socialistes, où le taux de participation se situait régulièrement au-delà du raisonnable, ou en Corée du Nord, où il a atteint une fois, paraît-il, 101,5 % des électeurs inscrits !

Il est vrai qu'à l'inverse, en France par exemple, les urnes à double fond, la rémunération des électeurs, les pressions préfectorales ont fait leur temps. Quand elle demeure, la fraude électorale contriste. Depuis quelques années, on constate qu'elle est générale dans les municipalités communistes où elle correspond peut-être à une nécessité de type clientéliste : sauver l'emploi – pour ne pas dire les meubles – d'une masse importante d'agents municipaux dont les compétences sont mesurées à l'aune de leur militantisme et dont une autre équipe se séparerait à coup sûr. Peut-être aussi d'une coutume « fraudulogène » traditionnelle ici ou là. En règle générale, la fraude électorale se manifeste à l'aide de la liste électorale, instrument redoutable entre les mains de ceux qui l'élaborent et de ceux qui la manipulent. Les premiers sont les plus difficiles à prendre sur le fait quand ils maîtrisent seuls l'ensemble de la procédure d'inscription ; ce n'est qu'au moment où elle est mise à la disposition des électeurs que ceux-ci peuvent s'étonner d'une inscription ou – plus souvent – d'une radiation inattendues : la contestation suit l'opération de vote, trop tard pour être efficace et sanctionnée ; c'est en 1997 qu'a éclaté « l'affaire Tibéri » et la contestation de la liste électorale de la 2e circonscription de Paris ; plus de six ans après, couverte en partie par une décision du Conseil constitutionnel plutôt ambiguë, l'affaire est toujours pendante devant des juges très occupés par ailleurs. La sanction ne tombe que lorsque l'intention coupable est aveuglante. Dans un charmant village de Haute-Corse, « cinq ans avant le scrutin contesté, plus d'un tiers des 811 électeurs inscrits sur la liste électorale d'une commune comptant 550 habitants n'y avaient pas de résidence connue, n'étaient pas inscrits au rôle des contributions directes de cette commune et alors que les indications relatives à leurs dates et lieux de naissance étaient inexactes, ces personnes continuaient à figurer sur les listes électorales utilisées en mars 1978 et leurs noms avaient fait l'objet d'un émargement au scrutin du 19 mars », des pratiques dignes d'une caricature de démocratie épinglées par Michel Iturria à la fig. 5.

La prévention des manipulations de la liste – faux émargements et bourrage des urnes – est moins difficile à organiser lorsque le bureau de vote est composé de façon pluraliste sous le contrôle des candidats, et lorsque la présence physique de tous les électeurs peut être attestée. Elle implique le refus du vote par correspondance et du vote par procuration quand ils ne peuvent pas faire l'objet d'un strict contrôle. Le premier a été supprimé chez nous quand il a pu être prouvé qu'il était frauduleusement utilisé par les services du Quai d'Orsay au point qu'un député de l'Hérault avait été gratifié par ses collègues du quolibet « député d'Abidjan » ! Le second est très – trop, disent certains – strictement encadré alors qu'il suffit que deux agents de police judiciaire différents s'assurent de l'identité et de la volonté explicite du délégant et de la citoyenneté du délégataire.

La science politique sophistiquée attache aujourd'hui plus d'importance à la question jamais résolue et théoriquement stimulante du secret du vote. Il implique que l'électeur effectue son choix dans une totale liberté, sans être soumis aux pressions de ceux qui l'enregistrent et qui l'entourent. On admet alors que les votes par acclamations, à bulletin ouvert, n'ont aucune valeur, pas plus que ceux qui permettent de savoir qui a voté pour qui.

*Fig. 5.* Pratiques électorales insulaires (*Sud-Ouest*, 8 avril 2003).

En pratique, le secret du vote est garanti par le passage dans l'isoloir, la mise du bulletin sous enveloppe opaque et le dépôt du bulletin dans l'urne par l'électeur lui-même. Résolu depuis longtemps déjà dans les États industrialisés, le problème est plus délicat dans ceux qui connaissent un fort taux d'analphabétisme. Les anciennes colonies anglaises d'Afrique ont eu recours pendant quelque temps au « vote chuchoté », l'électeur murmurant le nom du candidat de son choix à un fonctionnaire supposé neutre. Aujourd'hui, on utilise volontiers des bulletins de couleurs diverses sur lesquels les noms des candidats sont remplacés par des symboles simples connus de tous (arbre, soleil, éléphant, etc.).

L'isoloir et son secret ont marqué et marquent encore l'épopée de la démocratie politique, à partir de l'idée contestée selon laquelle démocratie politique et secret du vote sont indissociables.. En fait, et pendant longtemps, les partis ouvriers révolutionnaires ont milité en faveur de la publicité de l'appartenance de classe et de son expression électorale. Aujourd'hui, le secret du vote s'apprécie en termes de pressions. Ces dernières sont diverses et variées, mais peuvent être regroupées en trois catégories. Les pressions physiques sont les plus connues et les plus faciles à déjouer ; depuis longtemps il est interdit de pénétrer en armes dans la salle du scrutin, ou d'accompagner un électeur jusqu'à l'intérieur de l'isoloir, sauf, semble-t-il, en Tchétchénie ! Les pressions morales peuvent aller du chantage aux promesses douteuses. Enfin, les candidats peuvent disposer parfois de moyens financiers inégaux qui placent certains d'entre eux en position de monopole et faussent ainsi le libre choix de l'électeur. Cette forme de pression moderne est difficile à combattre, bien qu'elle s'apparente à la fraude caractérisée. Par surcroît, elle peut aboutir à une véritable résurrection du système de la candidature officielle, lorsque l'égalité des candidats face aux moyens de propagande audiovisuels est rompue au bénéfice de ceux qui disposent des fonds de l'État ou d'une autorité légale sur les services publics de l'information.

Force est de reconnaître que le droit électoral ne peut résister à ces pouvoirs d'influence que par la mise en place de contre-pouvoirs d'influence médiatique. Ces derniers ne parviennent que très difficilement à contenir les déferlements permanents des techniques de mercatique politique qui font voler en éclats les notions archaïques de campagne électorale, de propagande et de publicité. Il ne s'agit plus que de communication, permanente et pluridirectionnelle, que l'on ne peut espérer maîtriser que par le pluralisme, lequel peut toujours être décrété, mais impossible à garantir. Nous en rappellerons ici un seul avatar : parmi ses missions, le Conseil supérieur de l'audiovisuel doit contrôler le respect par les différents émetteurs d'un principe d'équilibre entre les différents courants d'opinions politiques tels qu'ils s'expriment à travers les organisations gouvernementales, représentatives, partisanes, médiatiques dont le seul point commun est d'œuvrer dans le champ politique par le discours ou par l'image. Après avoir longuement tâtonné, il s'en tient aujourd'hui à des critères apparemment simples : tombe dans « le grand sablier politique du temps de parole audiovisuel » le propos tenu par un agent politique dont le contenu est politique. Impossible à mettre en œuvre sans quelques bavures aux franges : comment labelliser un individu d'agent politique ? À quel niveau d'activité se situe l'insertion dans la classe politique ? Est-ce que tout propos tenu, tout geste posé par un agent politique est de nature politique ? La course à l'audimat – à la notoriété – étant générale, la confusion l'est aussi entre les personnes privées et publiques, publiques et politiques, et entre les genres d'émissions ou de spectacles proposés. Récemment encore (le 29 septembre 2003, sur la chaîne publique France 3), la participation de l'épouse du président de la République à une émission consacrée aux personnes âgées a suscité quelques questions au CSA : intervenait-elle comme agent d'une entreprise politique ? Lorsqu'un de ses invités, comédien, refuse d'imputer au gouvernement la responsabilité des méfaits de la canicule de l'été, reste-t-il amuseur public ?

La part d'arbitraire de tout comptage rend celui-ci... arbitraire, donc contestable. Surtout quand on imagine la vanité finale des sanctions que l'autorité de régulation peut prendre à l'encontre des contrevenants éventuels quand il s'agit de réseaux nationaux, *a fortiori* du service public ; l'amende est mince dans des budgets considérables, l'interdiction d'émettre, même momentanément, tout simplement inimaginable. C'est la menace de sanction, et sa publicité, qui évite de conclure par la métaphore du sabre de bois.

Une réserve non négligeable concerne la couverture spécifique des campagnes électorales ; elles suscitent des difficultés quand il s'agit d'élections locales, on ne saurait contrôler tout ce qui est émis dans tous les villages. Mais elles sont assorties, au plan national, d'un contrôle préventif des émissions spécialement consacrées à l'opération : les seules chaînes du service public pour des émissions préenregistrées et soumises au contrôle du CSA « par tous moyens appropriés » (loi du 30 septembre 1986, art. 14). Pour les autres opérateurs, des appels à la mesure et à l'équilibre, qui peuvent sembler un peu dérisoires dans des contextes de forte tension : le 2e tour de l'élection présidentielle de 2002 a été ainsi pollué par la présence de Jean-Marie Le Pen et la diabolisation de sa candidature par certains médias pour qui il ne s'agissait plus de choisir un président mais de sauver la République ; tous les coups furent alors autorisés, au prétexte sans doute que « nécessité fait loi ». Tant il est vrai que, en matière de communication, la polyarchie se prend au piège de sa définition et s'interdit toute atteinte au pluralisme qui la fonde.

Une preuve supplémentaire peut être apportée, quand on se souvient des avatars connus, par la réglementation relative aux enquêtes d'opinion. L'essor de la médiacratie a posé le problème de la pression sur les électeurs en termes nouveaux : il s'agit de savoir si la publication des intentions de vote manifestées par les électeurs à l'occasion de sondages d'opinion préélectoraux influe ou non sur le choix définitif du corps électoral. La question a été vivement débattue, dans des termes pas toujours très objectifs, puisque ceux qui se plaignent de la publication des sondages n'y apparaissent jamais en position très favorable ; les instituts de sondages répondent... par des sondages qui font apparaître que 90 % des personnes interrogées (mai 1974, IFOP) n'ont pas modifié leur intention de vote à la suite de ces publications. Quant aux politistes, ils ne se prononcent pas avec certitude – surtout quand ils vivent en partie des sondages – et semblent considérer que cette influence varie en fonction de l'enjeu. Faible pour une élection législative, elle est sans doute plus forte à l'occasion d'une élection présidentielle « à la française » où elle peut remplir une fonction d'« accélérateur à la baisse » au détriment de certains candidats dont les électeurs perçoivent qu'ils ont perdu toute chance de figurer dans le couple des candidats du second tour de scrutin. Quand elle n'aboutit pas, comme ce fut le cas en 2002, à bouleverser totalement la donne électorale : la multiplication des candidatures a naturellement augmenté les risques d'erreur à la marge de chacune d'entre elles et la manipulation des chiffres par les politastrologues ont abouti à des pronostics totalement erronés.

Mais il nous semble inutile, et dangereux pour l'information des citoyens, d'interdire la publication des résultats des enquêtes d'opinion effectuées auprès des électeurs pendant les derniers jours de la campagne électorale – ce fut ou c'est encore le cas en Afrique du Sud, au Portugal, en Italie, en Espagne, en France et dans quelques pays d'Amérique latine. L'information est rendue plus crédible par son caractère quasi clandestin qui la fait ressortir de la rumeur, et l'on ne peut que rester perplexe devant la loi française de juillet 1977 qui a abouti à des situations absurdes. Elle interdisait la publication de sondages pendant les derniers jours précédant le scrutin, mais cette interdiction ne pouvait concerner que les organes d'information nationaux, donc ni les stations de radio ou de télévision, ni les journaux étrangers. Elle n'a pas empêché, à la veille du premier tour de l'élection présidentielle de 1981, une véritable opération d'intoxication – « Chirac est second » – qui mobilisa une part des électeurs de gauche sur la candidature de François Mitterrand.

« Cent fois sur le métier... », la loi du 19 février 2002 a été promulguée pour tenter de remédier au dévoiement par la rumeur et limiter la période d'interdiction à « la veille de chaque tour de scrutin ainsi qu['au] jour de celui-ci ». Cette interdiction est « également applicable aux sondages ayant fait l'objet d'une publication, d'une diffusion ou d'un commentaire avant chaque tour de scrutin ». Et c'est là que le bât blesse, puisque les politastrologues ne peuvent pas fournir à l'électeur, peu informé de l'évolution des intentions de vote, les mouvements-tendances à la hausse ou à la baisse des différentes candidatures. Ajoutons, pour clore provisoirement ce chapitre difficile, que la démocratie sondagière, qui ne repose pas toujours sur l'honnêteté intellectuelle de ceux qu'elle fait vivre, est soumise au contrôle bon enfant d'une Commission des sondages, autorité administrative indépendante dont le dernier rapport en notre possession dresse courtoisement le constat de sa propre carence ; elle « regrette la faible audience qui lui est accordée, qu'il s'agisse de son rôle ou de son fonctionnement ; à cela s'ajoute l'insuffisance des moyens dont elle dispose pour alerter l'opinion et, partant, le problème que cela lui crée en termes de crédibilité ». Ici, le sabre est véritablement de bois.

## CHAPITRE II

# Le contentieux électoral

Tout ce qui précède montre les difficultés que le droit éprouve à encadrer la politique, plus particulièrement encore quand il entre en contact avec l'acte de vote qui sacralise les titulaires du pouvoir ; la fameuse « onction démocratique » qui s'exprime à travers quelques symboles, lesquels sont autant d'immunités : l'écharpe tricolore sur laquelle le sergent de ville n'ose pas porter la main, la cocarde tricolore qui paralyse l'aubergine et la pervenche, etc. Les relations entre la justice et la classe politique sont partout empreintes de méfiance réciproque, voire parfois d'agressivité contenue ; leur médiatisation récente rend ici ou là ce constat aveuglant. Elles s'abritent derrière une lecture apparemment stricte du principe de séparation des pouvoirs, souvent malmenée dans les palais nationaux. Il devient alors naturel que le droit électoral se caractérise par son autonomie, qu'il soit ce « hallier » dans lequel la Cour suprême des États-Unis refuse d'entrer, et que, selon la boutade bien connue, « la justice politique soit à la justice ce que la musique militaire est à la musique ! ». Un droit autonome énoncé par « une bouche du droit » autonome. Cette solution, à tout prendre satisfaisante au plan des principes, a été inventée dans un petit pays d'Amérique centrale où la culture juridique a toujours été imprégnée par le nationalisme des Lumières et le constitutionnalisme de la première génération : il s'agit de la république de Costa Rica, modèle de rigueur juridique où le souci de confier la politique aux règles de droit a été jusqu'à prohiber la création d'une armée permanente. On y a inventé, et la mode se répand aujourd'hui sur une partie de l'arc centraméricain, la formule très originale du tribunal électoral. Composé de trois à cinq magistrats titulaires et trois suppléants élus à la majorité des deux tiers par la Cour suprême pour un mandat de six ans renouvelable, ce Tribunal suprême des élections maîtrise l'intégralité du processus électoral, « l'organisation, la direction et la surveillance des actes relatifs au suffrage » (art. 99 C), depuis la confection des listes électorales jusqu'à la proclamation des scrutins nationaux, par l'édiction d'actes de nature réglementaire ou juridictionnelle insusceptibles de recours. Son autorité n'est pas contestée par les entrepreneurs politiques.

Ailleurs, l'emprise des juges est moins forte. Dans l'Europe des Quinze, un observateur avisé du droit en vigueur note qu'ils s'expriment avec retenue, en amont et en aval du scrutin ; pendant son déroulement, ils s'esquivent ; souvent, ce ne sont pas les mêmes qui interviennent avant et après, sur la base de codes différents, dans des enceintes et des procédures différentes. Un véritable émiettement des litiges, au risque de fragiliser l'autorité de la chose jugée. Il est vrai que les parties aux litiges diffèrent en fonction du moment : avant le scrutin, il s'agit prioritairement des candidats et de l'administration chargée d'organiser l'opération de vote ; après son déroulement, ils opposent les vainqueurs et leurs adversaires défaits. Dans tous les cas demeure en arrière-plan « l'opinion publique » chère à Offenbach et à la classe politique, chambre d'appel politique à des jugements rendus sur la base du droit.

On contestera peut-être ce paysage critique parce qu'il s'appuie d'abord sur l'exemple français, qui ne mérite guère de compliment, alors qu'il repose pourtant sur des bases saines, par exemple la règle de la spécialité, qui implique un régime contentieux adapté à chaque type d'élection et à chacune des opérations qu'elle implique ; ou la distinction entre les différents types d'action en fonction de l'objet ou de l'auteur de la requête. En fait, cet éparpillement aboutit souvent à des impasses dans lesquelles le litige se perd, aidé en cela par des juges enchantés de déclarer leur incompétence plutôt que de se trouver en opposition avec la volonté un instant présumée du peuple souverain.

On peut résumer les errements du droit électoral français à travers les avatars connus par le contentieux des élections parlementaires. Depuis la III^e^ République, le principe de séparation des pouvoirs et, surtout, la conception radicale donnée à l'idée de souveraineté parlementaire impliquait que chaque Chambre fut juge de l'élection de ses membres. Après chaque élection législative, les contestations étaient étudiées et sanctionnées par l'Assemblée à l'occasion de débats de validation. Ces derniers ont vite montré que l'application de règles de droit à des procès politiques, quand elle est effectuée par des hommes politiques, aboutit à des solutions... politiques ; selon que le parlementaire, dont l'élection est contestée, siège sur les bancs de l'opposition ou de la majorité, il a plus ou moins de chances d'être renvoyé devant ses électeurs. En 1956, l'attitude de l'Assemblée nationale fut objet de scandale : sous un prétexte juridique très discutable, elle invalida une dizaine de députés poujadistes – hostiles à l'institution parlementaire – et les remplaça sans coup férir par les candidats arrivés en seconde position. Aussi, en 1958, dans le but de moraliser la vie politique, le Conseil constitutionnel s'est-il vu confier tout le contentieux des élections parlementaires. On constate alors que, dans des conditions difficiles, il remplit très correctement sa fonction de juge, s'inspirant des principes dégagés depuis longtemps par le

Conseil d'État, juge des élections administratives. Sa jurisprudence n'a alors pas fait l'objet de critiques, si ce n'est dans deux domaines :

1) Celui des délais nécessaires pour que justice soit rendue. Ils sont inévitables : à l'occasion des élections législatives de 2002, le Conseil a été saisi de 162 requêtes relatives à 121 circonscriptions ; il peut donc difficilement assumer son rôle. Sa mission étant incontestablement juridictionnelle, il reçoit et communique aux parties des mémoires, il enquête. L'intervention d'avocats alourdit la procédure. La défense « joue la montre », surtout depuis que la sanction de la déchéance du député ayant enfreint la loi du 15 janvier 1990 sur le financement des campagnes est son inéligibilité pendant un an à compter de la date de... l'élection annulée. Toute semaine gagnée permet au parlementaire contesté de continuer à labourer son champ et préparer une éventuelle « session de rattrapage ».

2) Celui de la préférence donnée par le Conseil constitutionnel à la notion de sincérité sur la notion de régularité. Elle apparaît dès 1963, dans une décision rendue à la suite d'une élection partielle qui s'était déroulée à la Réunion et à laquelle un ancien Premier ministre – battu en 1962 dans sa circonscription habituelle – s'était porté candidat ; le préfet avait pris officiellement, sur les ondes, position en faveur de ce candidat, ressuscitant une tradition du Second Empire. Le Conseil constitutionnel a rejeté la demande d'invalidation, motif pris de ce que l'écart entre les voix obtenues par les deux candidats était tel que l'intervention du préfet, condamnable en soi, n'avait sans doute eu aucun effet sur les résultats du scrutin. Cette attitude est malencontreuse car elle ne lie pas la sanction à la faute, mais au résultat ; or, faute et résultat se situent dans deux domaines fondamentalement différents, la première pou-

vant être une atteinte au droit, le second se mesurant au terme d'une addition.

Le vice fondamental de cette jurisprudence est clairement apparu après les élections législatives de 1978 : une loi – d'ailleurs critiquable du point de vue de l'égalité des citoyens face au droit de suffrage et heureusement abrogée depuis – autorisait les Français domiciliés à l'étranger à s'inscrire dans telle commune de plus de 30 000 habitants de leur choix pour y voter par procuration. Une véritable rafle des procurations fut alors effectuée, avec la complicité des services consulaires – au Gabon, en Côte-d'Ivoire, en particulier –, par des associations ou des particuliers proches de la majorité d'alors, afin de jeter des paquets de procurations dans des circonscriptions « sensibles ». Dans les décisions qu'il a rendues à cette occasion, le Conseil a laissé apparaître que, pour lui, cette fraude – parfois, ouvertement, celle de l'administration – n'avait pas à être sanctionnée « par principe » : c'est en fonction de l'écart des voix obtenues par les candidats qu'il annule l'élection – à Paris, invalidation de M. de la Malène – ou ne l'annule pas – à Montpellier, où le député élu, M. Delmas, fut immédiatement doté par dérision, et par ses adversaires, on l'a vu, du titre de « député de Côte-d'Ivoire » !

On a cru le point-limite atteint dans une décision du 11 mai 1989 : le sieur Tessier, candidat à une élection partielle dans les Bouches-du-Rhône, battu au second tour par M. Bernard Tapie, reprochait à celui-ci de n'avoir point respecté les dispositions de la loi relative au plafonnement des dépenses électorales. C'était exact ; mais le Conseil constitutionnel, après avoir constaté que le sieur Tessier, avait, lui aussi, délibérément « crevé le plafond », lui applique la règle *nemo auditur propriam turpitudinem suam allegans* (« nul ne peut demander justice de sa propre turpitude ») et valide l'élection au motif que ces deux infractions n'ont pas affecté la liberté de choix des électeurs.

Voilà qui est bien beau mais qui oublie malencontreusement tous les autres candidats victimes de la double infraction.

C'est la décision du 20 février 1998, relative aux inscriptions frauduleuses sur la liste électorale de la 2e circonscription de Paris, qui montre les effets pervers d'un contentieux électoral éclaté. Un résumé s'impose.

La liste électorale est dressée et mise à jour dans chaque commune par l'administration municipale sous le regard bienveillant du préfet et du président du tribunal de grande instance dont les représentants se contentent de ratifier un travail dont ils ne maîtrisent que la légalité formelle. En cas de litige, lorsque la contestation de la liste n'est pas liée au déroulement d'un scrutin, la compétence est celle du juge judiciaire si elle émane d'un électeur et vise son sort personnel, et celle du juge administratif si elle émane du préfet dans les conditions de l'article L. 20 du code électoral et vise la régularité formelle des opérations de révision. Lorsque le litige apparaît à l'occasion d'une consultation électorale, le juge judiciaire, mobilisé à cet effet à proximité des bureaux de vote, est compétent pour remettre sur la liste ceux qui en auraient été indûment radiés : il est juge des opérations de vote. Le juge administratif – ou le Conseil constitutionnel, pour les élections parlementaires ou présidentielles et pour les référendums nationaux des articles 11 et 89 C – connaît des litiges soulevés au prononcé des résultats de vote. La frontière entre ces deux contentieux n'est pas nette et ils peuvent parfois se chevaucher lorsque, par exemple, les irrégularités constatées individuellement par des électeurs viennent à l'appui d'un recours formé contre le résultat du scrutin : l'électeur mécontent de son sort personnel peut s'adresser au juge judiciaire jusqu'au moment où l'accès de l'urne lui est refusé ; son éventuel recours en cassation n'a d'effet que pour l'avenir (art. L. 17). Mais il peut – tout comme le candidat, lui aussi mécontent du résultat du scrutin – déférer l'ensemble des opérations au juge administratif (ou constitutionnel). Tous deux enfin peuvent se porter partie civile devant le juge pénal quand il leur apparaît qu'une fraude a été commise (Cas. crim 10 mars 1987. *Gaz. Pal* 1987.2. Somm. 465 obs. Doucet) : ils peuvent être rejoints (ou précédés) à cette occasion par le préfet gardien de la légalité (art. L. 38) ou par le ministère public alerté par le juge de l'élection – le délit est sévèrement (dérisoirement en fait) puni par les articles 86 à 88 du Code électoral : un an de prison et/ou 15 000 euros d'amende. Cette convergence des actions possibles multiplie les risques d'enlisement par le jeu des doubles degrés de juridiction ou, plus simplement, par application de la règle de séparation entre les juridictions administratives et judiciaires. On y ajoutera que la sincérité du scrutin contesté n'y gagne pas toujours : le juge de l'élection ne tient pas nécessairement compte des rectifications apportées à la liste électorale par le juge d'instance ; à l'inverse, alors même que l'élection contestée serait validée, son vainqueur pourrait être sanctionné par juge pénal. Trop de droit tue le droit !

Une ligne directrice a été tracée de longue date par le Conseil d'État. Elle consiste à s'emparer de l'ensemble des opérations relatives à la liste électorale afin de rechercher, et de sanctionner éventuellement, les manœuvres frauduleuses dont elle a pu être l'objet. Alléguées mais non prouvées, elles demeurent impunies. Prouvées mais inopérantes, elles ne sont pas sanctionnées politiquement quand il n'apparaît pas qu'elles aient porté atteinte à la sincérité du scrutin. Et c'est à cet instant que le placage des jurisprudences constitutionnelle et administrative sur des situations contentieuses fondamentalement différentes pose problème : est-il possible de lire identiquement les infractions à la loi que recèle la liste électorale quand il s'agit de l'élection municipale de Saint-Étienne de la Gareste ou de l'élection législative dans la 1re circonscription de Paris ? Les enjeux sont à ce point différents, ne serait-ce que sur le plan de la morale politique, que la réponse négative s'impose sans doute. En épousant la jurisprudence du Conseil d'État, le Conseil constitutionnel prête le flanc aux commentaires aigres-doux. Le raisonnement désormais adopté dans les deux ailes du Palais-Royal se résume en deux propositions : le juge de l'élection, lorsqu'une fraude est alléguée dans l'établissement de la liste, cherche à débusquer les éventuelles manœuvres des autorités habilitées à cette fin ; s'il les découvre, il peut rectifier les résultats du scrutin, et ses rectifications peuvent aller jusqu'à l'annulation de l'élection. « Peuvent aller » signifie que le juge décide en fonction de paramètres laissés à sa discrétion par un législateur imprécis. En l'occurrence, le Conseil d'État et, à sa suite, le Conseil constitutionnel, considèrent qu'ils n'ont pas pour mission de condamner mais de réformer. Dès lors, ils procèdent par soustraction : les inscriptions litigieuses sont imputées au candidat élu. Si elles dépassent l'écart des suffrages qui le sépare de son adversaire, le scrutin est invalidé ; dans le cas contraire, sa sincérité est présumée sauvegardée. Juridiquement pertinente, cette jurisprudence est politiquement perverse : dès lors que des manœuvres frauduleuses ont vicié les opérations électorales, leur sanction ne peut être que le recours à une nouvelle donne sur la base d'une liste électorale épurée. Dans sa décision du 20 février 1998 relative à l'élection législative de la 2e circonscription de Paris, le Conseil constitutionnel n'hésite pas à qualifier de « condamnables » les manœuvres initiées par les responsables de la tenue de la liste électorale dont certaines frisent la provocation pure et simple : fausses domiciliations jusque dans les appartements de la mairie du Ve arrondissement ! Mais comme l'écart des voix du 2e tour de scrutin – 2 725 – est supérieur aux irrégularités relevées, l'élection de M. Tiberi est validée, la manœuvre est considérée comme « n'étant pas de nature à remettre en cause les résultats ». Quelques jours auparavant, une décision du 6 février 1998 innove en méconnaissant certaines décisions de radiation de la liste électorale prononcées par le tribunal d'instance : certains citoyens radiés avaient pourtant voté. Le Conseil accepte cette grave entorse à l'autorité de la chose jugée quand l'électeur a déménagé dans la circonscription sans en aviser la mairie, changeant simplement de bureau de vote. Dans une aimable litote, Jean-Pierre Camby note : « Cette décision d'espèce, justifiée par les changements de domicile plus fréquents dans les grandes villes, peut ne pas emporter la conviction. » Cette appréciation est voisine de celle qu'exprime un des membres du Conseil, professeur de droit constitutionnel, qui eut à connaître de l'affaire Tiberi et parle de dérobade, concluant : « Je ne suis pas convaincu que de telles décisions grandissent le Conseil constitutionnel aux yeux de l'opinion publique. » Ajoutons que s'accrédite du même coup l'idée pernicieuse que l'on risque d'autant moins que l'on est plus fort et qu'une telle jurisprudence entretient une règle de conduite simple et cynique dans le marché politique : plus la fraude est grossière, moins elle est sanctionnée.

Cette dernière remarque se vérifie dans la pratique ; on constate très généralement l'indulgence du corps électoral à l'égard de l'auteur présumé de la fraude. Si le match est à rejouer, il en sort le plus souvent vainqueur, tant il est vrai que le droit, même quand il prend appui sur la morale, n'entre pas facilement dans le forum politique ; comme au stade, on s'en prend volontiers à l'arbitre ! D'ailleurs, il pourrait être plaidé, à l'appui de la thèse de Jacques Robert, que depuis les malencontreuses décisions de 1998 les recours adressés au Conseil constitutionnel ont diminué en nombre : ils étaient 213 concernant 142 circonscriptions en 1997, ils ne sont plus que 162 en 2002.

# Conclusion

Tout marché suppose un échange entre les partenaires : *do ut des*, une offre – la pollicitation du droit commercial – et une acceptation ou un refus ; ces échanges impliquent bien sûr la mise en jeu de techniques et de procédures de communication. Dans le marché électoral, des citoyens expriment plus ou moins confusément certaines attentes qui sont reprises par des « supports », parmi lesquels les partis politiques. Le système politique traduira ces attentes en décisions qui seront appliquées aux gouvernés, provoquant des réactions qui s'expriment sous la forme de nouvelles attentes. Il est alors possible de compléter le schéma d'Easton en précisant que le système électoral est le moyen privilégié qui ménage la rétroaction *(feed back)* parce que sa fonction consiste à assurer la communication entre les gouvernants et les gouvernés.

En l'état actuel de développement des technologies électorales, cette communication est encore imparfaite, le dialogue entre les partenaires du marché reste unilatéral puisque si le donneur d'offre est bavard, le citoyen-client répond brièvement à l'aide d'un bulletin de vote. La légitimité du premier est renforcée par le tube cathodique qui reste sourd aux appels du second. Son avenir est tributaire de l'écran de l'ordinateur et des pratiques, encore balbutiantes, de vote électronique.

## La légitimité cathodique

L'élection se situe à mi-chemin du référendum et du plébiscite : elle est proche du premier, car, si elle n'est pas une réponse à une question précise, elle permet à l'électeur d'approuver ou de rejeter une politique (au sens anglais de *policy*). On est alors assez loin des programmes doctrinaux des partis politiques. Par ailleurs, l'élection est proche du plébiscite, car l'électeur ne choisit plus son ou ses représentants, mais ratifie la présentation d'une équipe de gouvernement. Elle doit alors s'analyser en termes de communication, d'échange entre deux partenaires. Entre les gouvernants et les gouvernés, l'élection est une réponse à une politique et la confiance accordée à une équipe. Ratification ou rejet, adhésion ou révocation.

*L'élection constitue une réponse à une politique.*

Dans le cadre d'une circonscription étroite et en l'absence de moyens de communication au niveau national, le rapport entre l'électeur et l'élu, quand il existait, ne pouvait être que personnel et local. Les gouvernants n'avaient guère de moyens d'expliquer globalement leur action. Chaque scrutin n'était qu'une atomisation de la politique. L'avènement des mass media a modifié complètement cette situation.

D'abord, les gouvernants disposent d'un quasi-monopole des moyens audiovisuels pour expliquer leur politique. D'une démocratie de non-communication, nous sommes passés à une démocratie de communication. Mais celle-ci implique un échange ; or, les gouvernés sont « bombardés » d'informations de manière quasi permanente. Leur réponse ne peut être donnée que de manière sporadique le jour du scrutin.

Il en résulte que le traitement télévisuel de la politique a pris une importance considérable – on parle aujourd'hui volontiers de « télections » ou de « démocratie cathodique ». À l'occasion des scrutins législatifs et présidentiels, on assiste à une nationalisation de la campagne électorale qui ne peut être que l'exposé d'une politique concrète, destinée à recueillir le maximum d'approbation, c'est-à-dire finalement le plus grand nombre de suffrages le jour du vote. Les programmes des partis ne peuvent pas se permettre de faire référence à des systèmes doctrinaux complexes. Le téléviseur transmet des images et non des idées ; il faut alors être simple parce que la socialisation politique (d'autres diront la compétence) du télecteur qu'il faut atteindre n'est guère élevée – et c'est de lui précisément que dépend l'échec ou le succès – et parce que la télévision exclut tout exposé compliqué. Dans le vocabulaire politique français actuel, on parle volontiers de « définir une politique plutôt qu'un programme ».

C'est ce que confirment les enquêtes d'opinion en Grande-Bretagne, qui montrent que les électeurs perçoivent de moins en moins de différences entre les plateformes des partis travailliste et conservateur : on a pu dire qu'en 1997 Tony Blair proposait de remplacer la « société d'actionnaires » de l'ère Thatcher par une « société de participation » *(shareholder* vs *stakeholder)*, qui ne rejette pas l'économie de marché mais « la dynamise tout en protégeant ceux qu'elle affaiblit ou marginalise ». Une société solidaire et sécuritaire à la fois, où les enjeux tenus sont plus importants que les actions distribuées.

Le problème essentiel, pour les partis-entreprises politiques, est alors de séduire ce segment électoral décisif, donc d'accéder au marché télévisuel et de l'utiliser à bon escient. On entre à cet instant en mercatique politique par la cueillette et le traitement des attentes sociales : le programme électoral est établi par le jeu des simulations. L'ordinateur amasse et « traite » des millions de données résultant de l'exploitation de ce type de questions posées à un échantillon très vaste d'électeurs, par téléphone ou par internet : Quels sont les problèmes les plus importants actuellement ? Quel est le problème le plus important pour vous ? Quelle solution proposeriez-vous à ce problème ?

Ces enquêtes donnent une photographie de l'opinion à un instant donné (quand on a recours à des moyens traditionnels, les réponses appartiennent déjà au passé). L'ordinateur permet d'évaluer le comportement futur du citoyen, établi à partir de 100 000 interviews, classées ensuite en 48 types de comportements répertoriés à partir de variables caractéristiques : citoyen de l'Est, métropolitain, revenus inférieurs, race blanche, juif, catholique, sexe féminin, démocrate, etc.

Les candidats éventuels n'ont plus qu'à interroger la machine, en lui posant la question rituelle à propos de chaque problème, lors de l'élaboration de leur programme : « Que se passerait-il si... ? »

La définition d'une politique conserve alors un caractère très général, en même temps qu'elle répond à des préoccupations très concrètes des électeurs. Mais il s'ensuit bientôt que les candidats n'imposent pas leurs vues politiques, ils épousent les préoccupations des électeurs ; leur souci principal est d'emmagasiner le plus finement possible les attentes d'une clientèle et de trouver les moyens nécessaires pour y répondre. Le parti politique se transforme alors en entreprise et la campagne électorale en opération de mercatique. On entre dans l'ère du consumérisme politique.

Est-il besoin d'insister pour reconnaître que les programmes politiques deviennent forcément neutres et très pragmatiques ? On chercherait en vain, aux États-Unis, des oppositions doctrinales profondes entre démocrates et républicains, car, en fin de compte, si les candidats utilisent la même détermination scientifique de programmes exprimant les attentes majoritaires, ne doivent-ils pas être conduits aux mêmes résultats ? On a déjà réalisé l'hypothèse de science politique-fiction formulée tantôt par Robert Escarpit dans *Le Littératron*, selon laquelle l'ordinateur est en mesure de rédiger le discours électoral idéal, permettant à n'importe quel individu sachant lire d'obtenir la quasi-unanimité des suffrages !

Cette neutralisation programmatique n'est pas exempte de promesses, et c'est sans doute là que le système dérape. En effet, si l'entrepreneur politique se contente de dire la vérité au citoyen-consommateur, ses chances de succès sont minimes – « Il enfonce des portes ouvertes », « On le savait, merci de le rappeler ! ». Mais s'il promet – et les promesses télévisuelles sont diffusées sur l'ensemble du marché –, il sera entendu mais dans l'incapacité ultérieure de tenir ses promesses (c'est à Charles Pasqua, dit-on, que l'on doit imputer la belle et cynique formule : « Les promesses électorales n'engagent que ceux qui... les écoutent ! »). Faut-il alors mentir pour être élu et dire la vérité pour être battu ? Ce dilemme électoral, amplifié par le marché télévisuel, peut difficilement être résolu dans l'abstrait, car le citoyen-électeur est prioritairement, parfois exclusivement, en quête de l'avantage qu'il espère retirer de l'offre qui lui est faite.

Pour en revenir à la formule électorale, on constate que la représentation proportionnelle s'adapte mal aux besoins de la « bonne gouvernance ». Des réponses multipartisanes à des politiques identiques ne peuvent conduire qu'à un éclatement de la société politique par la rencontre d'un électorat volatil sur la tentation d'un vote de rejet, voire d'exaspération. L'adéquation entre gouvernants et gouvernés risquerait d'être détruite au profit de groupes anomiques, par définition inassimilables dans une société politique homogène. Le scrutin majoritaire – et de préférence à un tour plutôt qu'à deux – semble mieux adapté car, simultanément, l'électeur doit compléter son choix d'une politique par la désignation d'une équipe susceptible de la mettre en œuvre.

*L'élection constitue l'approbation d'une équipe.*

Là encore les conditions du vote ont profondément évolué. Pendant longtemps, l'électeur a été amené à choisir son représentant, seul habilité à désigner à son tour un gouvernement. Actuellement, qu'il s'agisse des élections présidentielles ou des élections législatives, le résultat est identique, il s'agit de mettre en place une équipe de gouvernants. L'exemple classique était fourni par la Grande-Bretagne et les États-Unis ; aujourd'hui, il l'est aussi par la France, l'Allemagne et la grande majorité des États pluralistes de la société technicienne.

Dans cette perspective, le scrutin majoritaire va jouer à nouveau un rôle important. Il réduit le choix à deux hommes ou deux équipes. Ce besoin de consensus est d'autant plus grand que les gouvernants sont soumis à la ratification des gouvernés sans que, par un processus préalable, ces derniers soient intervenus dans leur cooptation. C'est qu'en effet il existe une voie parallèle d'accession aux centres de décision, qui est d'ordre technocratique. La classe dirigeante des sociétés techniciennes est le fruit de la rencontre de la bureaucratie, de la finance et de la communication. Ces trois composantes gravitent autour de la classe politique et cherchent en permanence à l'influencer et à la pénétrer, soulevant alors au moins deux questions. En premier lieu, celle de l'équilibre entre les groupes de pression : lorsque les bureaucrates sont en mesure de résister au « mur d'argent », l'autonomie de la classe politique, en position d'arbitre, a quelques chances d'être sauvegardée ; dans le cas contraire – la guerre que se livrent actuellement, en Russie, les anciens fonctionnaires soviétiques et les « oligarques » détenteurs des leviers de l'économie est exemplaire – le risque est grand de voir l'appareil étatique absorbé par une caste. La seconde question découle de cette observation : on constate, dans un univers de communication télévisuelle exacerbée, l'emprise des techniciens des médias sur le champ de la culture, du divertissement, de l'art, de la parole ; ils sont les inventeurs de la notoriété, qu'ils construisent parfois totalement dans des programmes de télé-réalité qui drainent l'audimat. La première conséquence est que les entrepreneurs politiques s'agglutinent autour d'eux en vue d'entrer ou de demeurer dans le « top 50 » qu'ils maîtrisent totalement. On a vu, aux États-Unis, deux parlementaires battus se faire recruter comme intermittents du spectacle dans des spots publicitaires télévisés, et les dirigeants français du Parti socialiste se rendre en délégation auprès du CSA pour négocier le statut politico-médiatique de l'épouse du chef de l'État. Par ailleurs, la trajectoire des candidats à la classe politique s'est totalement modifiée : à la longue et parfois pénible carrière du militant se substitue celle du leader charismatique télévisuel dont Max Weber n'avait pas dessiné le portrait. « L'homo cathodicus », que Michel Iturria résume parfaitement dans le « trait » ci-après, est celui qui attire l'attention du téléspectateur par l'agitation, le « tapage » – le mot est de Bernard Kouchner –, le charme, le talent, etc. et qui emplit l'espace médiatique. On en rappelle quelques traits caractéristiques : une personnalité narcissique, le besoin d'être aimé, admiré, la hantise de l'indifférence ou/et de l'oubli, et, plus que tout, le besoin d'être reconnu au risque d'être grimé, « comme à la télé », à l'aide de cosmétiques ou de radiations actinothérapiques. Le statut de star ou au moins de vedette, avec, en plus, une pinte non négligeable de crédibilité. Cette dernière ne repose sur aucun critère, aucun socle discernable – on inspire confiance ou pas –, rien n'évoque mieux cet étrange sentiment que la boutade d'Alain Peyrefitte à propos de Georges Marchais : « Je ne le prendrais pas en auto-stop ! » Mais elle s'appuie par surcroît sur trois paramètres indispensables : l'homme cathodique doit transpirer la compétence et le bon sens, deux notions contiguës ; il doit être ou paraître sincère, la sincérité des propos reflétant l'honnêteté dans le comportement ; il doit être sympathique, proche des gens – « la France d'en bas » –, c'est-à-dire non pas semblable aux autres mais à leur écoute. On y ajoutera, face au caméscope, une grande capacité à réagir dans l'instant, l'esprit de répartie. En résumé, l'homo cathodicus doit être « saillant » *(salient)*, c'est-à-dire à la fois identique et différent, en tout cas remarquable, reconnaissable dans l'instant à l'intérieur duquel il vit, sauf à être expulsé des écrans et des mémoires.

*Fig. 6.* Le télécteur angoissé (*Sud-Ouest*, 24 octobre 2003).

La chronique politicienne quotidienne fourmille alors d'anecdotes qui sont autant d'indicateurs de la construction, de l'entretien et des avatars de l'homo cathodicus – qui peut d'ailleurs, et de plus en plus aujourd'hui, être une femme. Quelques repères, qui ne sont pas des recettes : le passage obligé et préalable par la notoriété qui ne s'acquiert que rarement dans les enceintes politiques ; l'indispensable support d'une équipe de professionnels de la communication – l'attachée de presse joue un rôle aussi, peut-être plus important que le conseiller politique, car un discours non diffusé est un texte mort – qui doit prioritairement rameuter les porteurs de caméscopes et ouvrir les portes des studios, mais aussi entretenir des rapports privilégiés avec les médias de substitution (presse, édition, internet aujourd'hui) ; être en permanence disponible pour entrer n'importe où, dans le champ des caméras, au stade de France, si possible dans les vestiaires, à Roland-Garros à partir des demi-finales même s'il n'y a plus de Français en compétition, mais aussi « sur les marches » du festival de Cannes, dans la loge de Johnny Halliday, sur la plage polluée par la marée noire, au chevet des vieillards victimes de la canicule, etc. ; avoir toujours quelque chose à dire qui soit susceptible d'attirer l'attention sur soi, jamais sur les autres – un bon mot, une rumeur, un scoop ou une « vacherie », peu importe ; être dans le sillage et dans l'agenda des locomotives médiatiques ; organiser ou participer aux grand-messes médiatiques, au premier rang assurément ; à la limite, faire scandale, car le profit qu'on en tire est très souvent supérieur aux sanctions que l'on risque. Par tous les moyens entrer dans le top 50, les baromètres de popularité, les questionnaires des sondeurs et n'en jamais sortir. Le meilleur résumé de cette obsession : au plus fort de la critique de l'institution parlementaire, députés et sénateurs français ont créé, à grands frais, une chaîne de télévision que personne ne regarde en dehors d'eux-mêmes et qui est dédiée à la promotion de leurs personnes et de leurs travaux. Elle leur donne ainsi l'illusion d'être au cœur de la vie politique et de maîtriser la gouverne de la République. Délicieusement dérisoire !

La dictature des médias provoque à l'évidence un véritable dérèglement du principe démocratique car l'égalité des candidats devant le droit de suffrage devient en fait une illusion et un faux principe qui interpellent le droit et la science politique.

Le droit cherche, avec plus ou moins d'arrière-pensées, à contenir dans les limites du raisonnable le coût des campagnes électorales et les risques de corruption qu'il entraîne naturellement, et propose aujourd'hui deux remèdes insuffisants. Le premier consiste à prévoir le plafonnement des dépenses électorales – 2 700 livres par circonscription, plus 2 à 3 pences par électeur aux élections parlementaires britanniques, 20 millions de dollars pour les primaires présidentielles aux États-Unis, 1,5 millions d'euros pour le premier tour de l'élection présidentielle française. Le second, qui en est la contrepartie logique, est le financement des partis et/ou des candidats par la puissance publique ; on le retrouve dans les pays précités mais aussi en Allemagne fédérale, en Italie, aux Pays-Bas, etc., selon des modalités variées ; mais comme il ne saurait en aucun cas être question d'interdire les aides privées, tout l'édifice repose sur le contrôle des dépenses effectuées et des ressources perçues. Or, le moins qu'on puisse dire est que ces procédures ne satisfont jamais les exégètes pointilleux : certaines sont de nul effet prévisible – en France où l'on peut à bon droit parler de « transparence opaque » et d'impunité totale –, d'autres font appel à l'intervention d'autorités plus souvent parlementaires que juridictionnelles, donc de portée pratique réelle variable.

La science politique, quant à elle, n'a pas de remède à proposer ; elle se contente de constater un irrésistible mouvement vers la bipolarisation du débat et du jeu politiques, même dans les systèmes de RP, que le rétrécissement du marché accompagne. Seuls les candidats les mieux pourvus en soutien organisationnel, financier et médiatique – on y intègre la foi et la disponibilité des militants – ont quelques chances d'aller jusqu'au terme d'un marathon – le terme est utilisé par Jules Witcover pour désigner la course à la Maison Blanche – qui prend la forme terminale du duel (Horace v/ Curiace) entre les champions de l'un et l'autre camps, l'équipe des sortants et celle de son principal *challenger*. L'obligation presque morale dans laquelle le titulaire du pouvoir se trouve de « rendre compte de son mandat » confirme cette hypothèse : l'élection devient une réponse à une question de confiance que le vocabulaire américain traduit lumineusement par *accountability* – « acomptabilité » ? –, une double obligation de tenir compte et de rendre compte.

Mais, alors, devant qui et comment ? Devant l'électeur certainement, mais après le passage par le filtre de l'entreprise politique qui noue, entretient, maîtrise le dialogue entre les acteurs du marché électoral. Comment ? Là est la bonne question, celle des instruments du dialogue politique : l'urne ou le téléviseur ? Aujourd'hui, certainement, l'urne et le téléviseur qui cheminent de concert ; l'une ne va pas sans l'autre, elles se conditionnent mutuellement. C'est devenu une vérité première de constater que le téléviseur a de plus en plus tendance à précéder l'urne, à la nourrir. Il assure ou non la promotion des enjeux et des acteurs, dramatisant ou négligeant l'issue du scrutin, attirant l'attention sur tel candidat, tel match, telle équipe, accompagnant ou boycottant. Au point que l'on peut considérer que l'essentiel des campagnes électorales est maîtrisé par les entreprises télévisuelles et leurs agents, souvent à la limite du droit.

On aboutit à des évidences contestables mais indubitables : qui possède le téléviseur emplit l'urne. La connivence est institutionnelle pour devenir personnelle : la présentatrice du journal télévisé épouse le ministre, demain elle sera reine d'Espagne !

Et dans l'aventure, le politique change de signification : il n'est pas, contrairement à certaines thèses réductionnistes, évacué du champ électoral ; il conserve une part de son contenu contractuel, mais dans le cadre d'un contrat d'adhésion – ou de rejet, ce qui revient sans doute au même. Mais, surtout, d'adhésion ou de rejet d'une image.

## Le vote électronique : de l'homo cathodicus à l'homo numerus

### *Vote et nouvelles technologies*

Tout système démocratique repose sur la relation entre celui qui détient le pouvoir et celui qui le subit. Si l'on exclut la démocratie directe illusoire et utopique, reste la représentation avec son passage obligé, l'élection.

Après l'échec de la communication de masse qui a plus altéré le système représentatif qu'il ne l'a amélioré, voici apparaître un nouveau mode de relation : la communication par internet. Dans la communication de masse dont on attendait une révolution, pour l'amélioration du régime représentatif, le bilan est négatif.

Comme on l'a maintes fois écrit, l'homme politique derrière la caméra est seul face à une population qu'il ne voit pas et dont il ne connaît pas les réactions. Aidé d'un journaliste qui veut jouer les bons offices, mais dont l'aide est souvent destructrice. Bref, l'élection, moment privilégié de l'affirmation de la confiance, n'est en fait que le commencement des désillusions.

Que peut apporter le vote électronique, perfectionnement de l'urne actuelle, et internet, perfectionnement du vote électronique ? Dans l'histoire de la communication, c'est le premier mode à la fois interpersonnel et de masse. Entre le candidat et l'électeur, une communication interpersonnelle s'établit, à la fois verbale et non verbale s'il y a image. Cette communication peut être démultipliée et donc toucher un grand nombre d'individus.

Quels peuvent être les développements attendus d'internet sur l'élection ?

D'abord une meilleure connaissance des idées du candidat et donc un choix, lors de l'élection, plus rationnel, ou moins irrationnel. Plusieurs conséquences peuvent en découler. Au moment du vote la prise de décision s'effectue, comme le réclamait Aristote, sur un critère de vérité, même si elle est difficile à supporter. Dans cette hypothèse, la notion de représentation sera renforcée et donc le contrat de confiance entre gouvernants et gouvernés, amélioré.

Mais le vote électronique se conçoit aussi comme une procédure d'accélération du vote. Il peut s'effectuer dans un kiosque à voter situé dans n'importe quel lieu (au supermarché par exemple). Enfin, de manière personnelle, chez soi. Le coût du vote est évidemment lui aussi abaissé (on parle du prix d'un timbre-poste). La conséquence est la possibilité de multiplier les recours aux votes et les référendums.

Dès lors on voit cohabiter à côté d'un auxiliaire de la démocratie représentative un nouveau mode de démocratie associative, pour ne pas dire de démocratie directe.

*L'opération électorale électronique*

L'opération électorale par internet doit être soumise aux principes traditionnels : le secret du scrutin, le caractère personnel et anonyme du vote, la sincérité du scrutin et le contrôle *a posteriori* des élections. Le président de la CNIL (Commission nationale informatique et libertés), lors d'un colloque à Issy-les-Moulineaux, a développé ces points à partir d'une recommandation du 1er juillet 2003 sur le vote électronique.

La CNIL recommande des mesures rigoureuses comme la séparation des données nominatives de l'électeur et du fichier des votes (l'urne électronique) sur des systèmes informatiques distincts ainsi que le chiffrement du bulletin de vote dématérialisé dès son émission sur le terminal. Elle est également soucieuse que les personnels en charge de la gestion ou de la maintenance du système informatique ne puissent pas bénéficier de droits d'accès exorbitants aux informations du scrutin. Enfin les fichiers devraient être chiffrés et les clés de chiffrement/déchiffrement conservées sous forme scellée.

Parmi les procédés d'authentification à distance, la CNIL recommande, en l'état actuel de la technique, l'utilisation du certificat électronique quand l'importance de l'enjeu le justifie. Elle ne rejette pas pour autant la méthode du code identifiant et du mot de passe, dès lors que des garanties sont données sur le caractère confidentiel de leur transmission à leurs titulaires. L'usage de la biométrie est acceptable s'il s'agit de systèmes ne laissant pas de traces ou comportant l'enregistrement des données sur un support individuel détenu par l'électeur sans constitution de fichier.

L'utilisation croissante de techniques informatiques sophistiquées ne doit pas conduire à faire échapper les systèmes de vote au contrôle démocratique des bureaux de vote, des scrutateurs et des électeurs au profit des techniciens informatiques. Le recours systématique à l'expertise indépendante des systèmes de vote électronique, l'accès au code-source des logiciels et l'utilisation d'algorithmes de chiffrement publics sont ainsi des gages de transparence. Par ailleurs, le système de vote doit pouvoir fournir la traçabilité complète de son fonctionnement interne lors d'un scrutin afin de garantir une base solide aux audits externes, notamment en cas de contentieux électoral.

L'ensemble du dispositif de vote déployé doit permettre aux autorités nationales compétentes, aux membres du bureau de vote et aux délégués des candidats, ou à leurs experts délégués, d'assurer une surveillance effective des opérations électorales. Il est ainsi nécessaire de localiser les serveurs et autres moyens informatiques centraux sur le territoire national. Dans le même esprit, la vérification de l'état initial du système, avant l'ouverture du scrutin ou le dépouillement, doit être public.

Ces prescriptions permettent une souplesse des solutions techniques et garantissent une ouverture aux évolutions futures du vote électronique. Elles assurent le respect de la protection des données personnelles face à des systèmes dont le degré de technicité rend le citoyen légitimement dubitatif. Elles apportent une contribution à l'adhésion de l'électeur au vote électronique.

*Les exemples de vote en ligne*

Le vote électronique et le vote par internet répondent à des critères identiques, renforcés dans le cas d'internet car, pour ce dernier, il est toujours difficile de savoir si le vote se fait dans l'entière confidentialité sans influence du milieu familial. On ne parle évidemment pas des votes à l'intérieur des partis politiques, comme cela se pratique déjà depuis plus de 10 ans aux États-Unis. En France, en 2002, l'UMP a utilisé ce procédé avec succès.

Le vote par internet n'est pas du domaine de la spéculation. Trois expériences de vote par internet ont eu lieu en 2003. D'abord les conseils de quartiers à Issy-les-Moulineaux. Le maire, André Santini, est, depuis plusieurs années, à la pointe de l'e-démocratie. Mais, en plus de ces votes, il est vrai encore locaux mais réels, il utilise régulièrement un panel d'internautes, représentatifs de ses administrés, pour connaître en permanence l'état de l'opinion. C'est un extraordinaire auxiliaire de la prise de décision politique.

Le premier scrutin officiel par internet a eu lieu en Suisse, en janvier 2003, dans la commune d'Anières. C'est le premier scrutin d'Europe continentale : 43 % des électeurs ont voté en ligne. La Suisse, où les consultations sont fréquentes, se propose de multiplier et d'officialiser le vote en ligne. L'autre exemple concerne la France. Pour les élections au Conseil supérieur des Français à l'étranger, 60 % des 9 000 votants ont choisi internet. D'autres pays, comme la Grande-Bretagne et les États-Unis, envisagent d'officialiser les votes par internet dès 2004.

Que peut-on en conclure, dans la mesure où le secret du vote est respecté ?

D'abord, le coût de l'opération électorale est dérisoire par rapport aux dépenses engagées actuellement. Il est difficile de dire s'il est de 1 à 9 ou de 1 à 5. De toute façon, les gains, en cas de multiplication des consultations, sont très sensibles.

Ensuite l'opération électorale en ligne réduit les temps d'exploitation du vote. Ainsi pour les Français à l'étranger qui ont voté par internet, 1 223 suffrages ont été traités en dix minutes. En revanche les 878 bulletins déposés dans l'urne ou envoyés par courrier ont nécessité plus de trois heures ! Le vote par internet réduit les taux d'abstentionnistes. Dans le cas du canton de Genève, 22 % des cyberélecteurs étaient précédemment des abstentionnistes. De plus, contrairement à une idée reçue dans les expériences de vote par internet, les cyberélecteurs de plus de 60 ans sont plus nombreux que ceux de moins de 25 ans.

Enfin, dernier élément encourageant, 95 % des cyberélecteurs souhaitent recommencer à voter par internet.

Que penser de l'influence du vote par internet ?

L'institut d'études en ligne *Opinion Way* posait une série de questions à un panel d'internautes au cours d'un sondage sur l'e-démocratie, dont voici les réponses :

– 90 % des sondés estiment qu'internet est un

bon moyen pour permettre aux citoyens de s'exprimer davantage.

– 73 % estiment qu'internet est un bon moyen pour permettre aux citoyens de se faire entendre par leurs élus.

– 64 % y voient un bon moyen pour améliorer le fonctionnement de la démocratie.

Une autre étude réalisée par Régis Jamin pour le Club.Sénat.com par Élections.com Europe indique que le vote par internet doit diminuer la fraude électorale et surtout inviter les indécis à voter.

Finalement, une question se pose : une révolution peut-elle se produire grâce à la généralisation du vote par internet ? Toutes les données sont réunies pour modifier radicalement la notion de mandat représentatif.

En premier lieu, la relation unilatérale entre gouvernant et gouvernés devient bilatérale. Le citoyen n'abdique pas tout pouvoir au profit du porteur d'offre ; il peut le contraindre au dialogue.

Par ailleurs, la notion d'espace se transforme. L'élection traditionnelle suppose que le tout, l'État-nation, soit découpé en parties, les circonscriptions, afin d'ajuster le territoire à l'importance du mandat, avec des compromissions parfois difficiles à éviter. Avec internet, le tout, qui peut varier, se module en fonction des interrogations.

Enfin, l'élection devient synonyme de ponctuation dans le temps. Le mandat est lié à une notion de temps discontinue ; la consultation électorale est intermittente.

Alors que la durée des mandats juridiquement déterminée engendre des difficultés pour l'exercice du pouvoir aujourd'hui, internet introduit un temps continu dans le marché électoral. L'exercice du pouvoir peut s'en trouver modifié.

Reste, pour réaliser un tel bouleversement derrière son écran, le citoyen. Car, en définitive, c'est lui qui détient le pouvoir. Saura-t-il se montrer assez sage et assez compétent pour dépasser les inquiétudes déjà exprimées par Montesquieu, et toujours valables aujourd'hui ?

## Références bibliographiques

Raymond Aron, *Études sociologiques*, Presses universitaires de France, 1988.

Pierre Avril, *Essais sur les partis politiques*, Payot (coll. « Petite Bibliothèque », n° 41), 1990.

Jacques Basso, « La réforme du scrutin électoral du Conseil national et ses corrélations avec la demande d'adhésion au Conseil de l'Europe », *Revue de droit monégasque*, 2003, p. 71-102.

Antoine Bévort, *Pour une démocratie participative*, Presses de Sciences Po (coll. « Bibliothèque du citoyen »), 2002.

Jérôme Bignon, *Rapport fait au nom de la Commission sur le projet de loi (n° 524) relatif à l'élection des conseillers régionaux et des représentants au Parlement européen ainsi qu'à l'aide publique aux partis politiques*, par... Assemblée nationale, 2003, document n° 605.

Vernon Bogdanor, *What is Proportional Representation ?*, Londres, Martin Robertson, 1984.

Frédéric Bon, *Les Élections en France. Histoire et sociologie*, Éditions du Seuil, 1978.

David Butier, Austin Ranney, *Electioneering. A Comparative Study of Continuity and Change*, Oxford, Clarendon Press, 1992.

Jean-Pierre Camby, *Le Conseil constitutionnel, juge électoral*, Sirey, 1996.
– d°- « Le contentieux des élections des députés : éléments pour un bilan », *Cahiers du Conseil constitutionnel*, n° 5, 1998.

René Capitant, *La Réforme du parlementarisme*, Sirey, 1934.

Guy Carcassonne, *La Constitution*, introduite et commentée par..., Éditions du Seuil (coll. « Points », n° 319), 5e édition, 1998.

Jean-Marie Cotteret, Claude Emeri, Pierre Lalumière, *Lois électorales et inégalités de représentation en France (1936-1960)*, Armand Colin (Cahiers de la Fondation nationale des Sciences politiques, n° 107), 1960.

John C. Courtney, *Commissioned Ridings, Designing Canada's Electoral Districts*, Montreal, Mc Gill-Queen's University Press, 2001.

Robert-Alan Dahl, *Polyarchy, Participation and Opposition*, New Haven, Yale University Press, 1971.
– d°- *Democracy and its Critics*, New Haven, Yale University Press, 1989.

Régis Debray, *L'État séducteur*, Gallimard, 1993.

Francis Delpérée, *Le Contentieux électoral*, Presses universitaires de France (coll. « Que sais-je ? », n° 3334) 1998.

Olivier Duhamel, *Le pouvoir politique en France*, Éditions du Seuil, 1993.

Olivier Duhamel, Jérôme Jaffré, *Le Nouveau Président*, Éditions du Seuil, 1987.

Maurice Duverger, *Les Partis politiques*, Amand Colin, 1951.
– d°- *L'Influence des systèmes électoraux sur la vie politique* (dir.), Armand Colin (Cahier de la Fondation nationale des Sciences politiques, n° 16), 1950.

Claude Emeri, « Quelques questions d'ingénierie électorale », dans Slobodan Milàcic, *La Démocratie constitutionnelle en Europe centrale et orientale. Bilans et perspectives*, Bruxelles, Bruylant, 1998, p. 189 et s.

Louis Favoreu, *Les Cours constitutionnelles*, Presses universitaires de France (coll. « Que sais-je ? », n° 2293) 1986.

Mark N. Franklin, « Electoral Participation », dans L. LeDuc, R. G. Niemi, P. Norris (dir.), *Comparing Democracies. Elections and Voting in Global Perspective*, Londres, Sage, 1996.

Alain Garrigou, « Le Secret de l'isoloir », *Actes de la Recherche en Sciences sociales*, 71-72, p. 22-45, 1988.
– d°- *Le Vote et la Vertu. Comment les Français sont devenus électeurs*, Presses de la Fondation nationale des Sciences politiques, 1992.

François Goguel, *Modernisation économique et comportement politique d'après un échantillon d'un : trentième du corps électoral français*, Armand Colin (FNSP : « Travaux et recherches de science politique », n° 1), 1969.

Theodor Hanf, Maria-A. Macchiaverna, Bernard Owen, Julien Santamaria, *Observing Democratic Elections : A European Approach*, Freiburg, Arnold Bergstrasser Institut, 1995.

Emmanuel Jos, « Regards sur la constitution cubaine après la réforme de 1992 », *Pouvoirs dans la Caraïbe*, n° 11, 1999, p. 9-50.

Enid Lakeman, *Power to Elect. The Case for Proportional Representation*, Londres, Heineman, 1982.

Georges-E. Lavau, *Partis politiques et Réalités sociales. Contribution à une étude réaliste des partis politiques*, Armand Colin (Cahier de la Fondation nationale des Sciences politiques, n° 38), 1953.
– d°- avec la collaboration d'Olivier Duhamel, « La Démocratie », dans Madeleine Grawitz et Jean Leca

(dir.), *Traité de Science politique*, 2 : *Les régimes politiques contemporains*, Presses universitaires de France, 1985, p. 29-113.

Anne-Marie Le Pourhiet (dir.), *Droit constitutionnel local*, Colloque de l'AFC : « Égalité et liberté locale dans la Constitution », Economica-PUAM, 1999.

Henri Lerolle, « De certaines coutumes électorales : Le cas d'Ivry-sur-Seine », *Communisme*, 18-19, p. 19-32, 1989.

Pierre Lévy, *Cyberdémocratie*, Éditions Odile Jacob, 2002.

Arend Lijphart, *Electoral Systems and Party Systems : A Study in Twenty-Seven Democracies 1945-1990*, Oxford University Press, 1984.

Arend Lijphart, Bernard Grofman (dir.), *Choosing an Electoral System Issues and Alternatives*, New York, Praeger, 1984.

Laurent Mann, *Un modèle pour le vote par assentiment : Du rôle stratégique des sondages dans le choix social*, Imprimerie du Laboratoire d'économétrie de l'École Polytechnique, 1995.

François Muselier, *Regards neufs sur le Parlement*, Éditions du Seuil (coll. « Peuple et culture », n° 11), 1956.

Dieter Nieter, *Elections and Electoral Systems*, Delhi, MacMillan India, 1996.

Serge Noiret (éd.), *Stratégies politiques et Réformes électorales : Aux origines des modes de scrutin en Europe aux XIXe et XXe siècles*, Baden-Baden, Nomos Verlagsgesellschaft, 1990.

Évelyne Pisier, « Parité », dans P. Perrineau et D. Reynié (dir.), *Dictionnaire du vote*, Presses universitaires de France, 2001, p. 720 et s.

Douglas W. Rae, *The Political Consequences of Electoral Laws*, Revised Ed., New Haven, Yale University Press, 1971.

Jacques Robert, *La Garde de la République. Le Conseil constitutionnel raconté par l'un de ses membres*, Plon, 2000.

Alain Rouquié, « La dynamique des élections sans risque ou la voie africaine de l'État » dans CEAN/CERI, *Aux urnes, l'Afrique ! Élections et pouvoirs en Afrique noire*, Pédone, 1978.

Giovanni Sartori, *Comparative Constitutional Engineering. An Inquiry into Structures, Incentives and Outcomes*, Londres, MacMillan, 1994.

Joseph Schumpeter, *Capitalisme, socialisme et démocratie*, Payot, 1954.

Jean-Louis Seurin, André Akoun, Francis Balle et divers, *Dictionnaire de politique. Le présent en question*, Larousse, 1979.

Marc Thewes, « Luxembourg », dans A. Pantelis et S. Koutsoubinas (dir.), *Les régimes électoraux des pays de l'Union européenne*, Londres, Experia Publications, 1993.

Sans autre indication, le lieu d'édition est Paris. Ne sont répertoriés ici que les ouvrages et travaux cités dans le texte. Pour aller plus loin, deux voies sont recommandées :

1. Le très remarquable *Dictionnaire du vote,* publié en 2001 par les Presses universitaires de France, sous la direction de Pascal Perrineau et Dominique Reynié. Le marché électoral éclaté en près de quatre cents entrées, une autre manière d'interroger le principe de l'élection.

2. Quatre « clefs » précieuses par leur intelligence, proposées par les Éditions Montchrestien :

Fred Constant, *La Citoyenneté* ;

Daniel Gaxie, *La Démocratie représentative* ;

Olivier Ihl, *Le Vote* ;

Pierre Martin, *Les Systèmes électoraux et les modes de scrutin.*

# Annexes

## 1. Les conseils régionaux

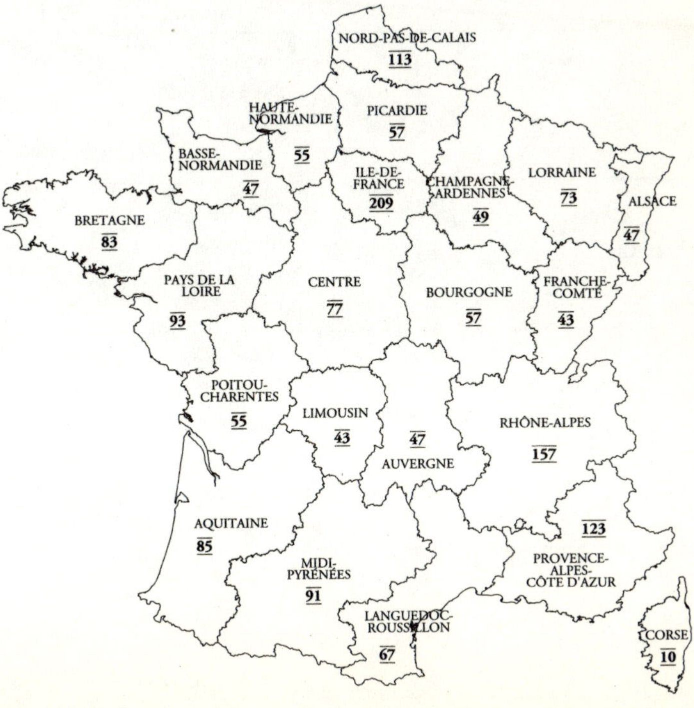

| Régions | Effectif global du conseil régional | Départements | Nombre de candidats par section départementale |
|---|---|---|---|
| Alsace | 47 | Bas-Rhin | 29 |
| | | Haut-Rhin | 22 |
| Aquitaine | 85 | Dordogne | 14 |
| | | Gironde | 38 |
| | | Landes | 12 |
| | | Lot-et-Garonne | 12 |
| | | Pyrénées-Atlantiques | 19 |
| Auvergne | 47 | Allier | 15 |
| | | Cantal | 8 |
| | | Haute-Loire | 10 |
| | | Puy-de-Dôme | 22 |
| Bourgogne | 57 | Côte-d'Or | 19 |
| | | Nièvre | 11 |
| | | Saône-et-Loire | 21 |
| | | Yonne | 14 |
| Bretagne | 83 | Côtes-d'Armor | 18 |
| | | Finistère | 27 |
| | | Ille-et-Vilaine | 26 |
| | | Morbihan | 20 |
| Centre | 77 | Cher | 13 |
| | | Eure-et-Loir | 15 |
| | | Indre | 10 |
| | | Indre-et-Loire | 19 |
| | | Loir-et-Cher | 12 |
| | | Loiret | 20 |
| Champagne-Ardenne | 49 | Ardennes | 13 |
| | | Aube | 13 |
| | | Marne | 21 |
| | | Haute-Marne | 10 |

| Régions | Effectif global du conseil régional | Départements | Nombre de candidats par section départementale |
|---|---|---|---|
| Franche-Comté | 43 | Territoire de Belfort | 8 |
| | | Doubs | 20 |
| | | Jura | 12 |
| | | Haute-Saône | 11 |
| Guadeloupe | 41 | Guadeloupe | 43 |
| Guyane | 31 | Guyane | 33 |
| Île-de-France | 209 | Essonne | 23 |
| | | Hauts-de-Seine | 29 |
| | | Ville de Paris | 44 |
| | | Seine-et-Marne | 23 |
| | | Seine-Saint-Denis | 29 |
| | | Val-de-Marne | 26 |
| | | Val-d'Oise | 23 |
| | | Yvelines | 28 |
| Languedoc-Roussillon | 67 | Aude | 12 |
| | | Gard | 20 |
| | | Hérault | 26 |
| | | Lozère | 5 |
| | | Pyrénées-Orientales | 14 |
| Limousin | 43 | Corrèze | 16 |
| | | Creuse | 10 |
| | | Haute-Vienne | 23 |
| Lorraine | 73 | Meurthe-et-Moselle | 24 |
| | | Meuse | 9 |
| | | Moselle | 33 |
| | | Vosges | 15 |
| Martinique | 41 | Martinique | 43 |

| Régions | Effectif global du conseil régional | Départements | Nombre de candidats par section départementale |
|---|---|---|---|
| | | Ariège | 8 |
| | | Aveyron | 12 |
| | | Haute-Garonne | 34 |
| Midi-Pyrénées | 91 | Gers | 9 |
| | | Lot | 8 |
| | | Hautes-Pyrénées | 11 |
| | | Tarn | 15 |
| | | Tarn-et-Garonne | 10 |
| Basse-Normandie | 47 | Calvados | 23 |
| | | Manche | 18 |
| | | Orne | 12 |
| Haute-Normandie | 55 | Eure | 19 |
| | | Seine-Maritime | 40 |
| Nord-Pas-de-Calais | 113 | Nord | 74 |
| | | Pas-de-Calais | 43 |
| Pays de la Loire | 93 | Loire-Atlantique | 33 |
| | | Maine-et-Loire | 23 |
| | | Mayenne | 11 |
| | | Sarthe | 18 |
| | | Vendée | 18 |
| Picardie | 57 | Aisne | 19 |
| | | Oise | 25 |
| | | Somme | 19 |
| Poitou-Charentes | 55 | Charente | 14 |
| | | Charente-Maritime | 20 |
| | | Deux-Sèvres | 14 |
| | | Vienne | 15 |
| Provence-Alpes-Côte-d'Azur | 123 | Alpes-de-Haute-Provence | 7 |
| | | Hautes-Alpes | 6 |
| | | Alpes-Maritimes | 30 |
| | | Bouches-du-Rhône | 51 |
| | | Var | 25 |
| | | Vaucluse | 16 |

| Régions | Effectif global du conseil régional | Départements | Nombre de candidats par section départementale |
|---|---|---|---|
| Réunion | 45 | Réunion | 47 |
| Rhône-Alpes | 157 | Ain | 16 |
| | | Ardèche | 11 |
| | | Drôme | 14 |
| | | Isère | 31 |
| | | Loire | 24 |
| | | Rhône | 45 |
| | | Savoie | 13 |
| | | Haute-Savoie | 19 |

## 2. Les circonscriptions interrégionales pour les élections européennes

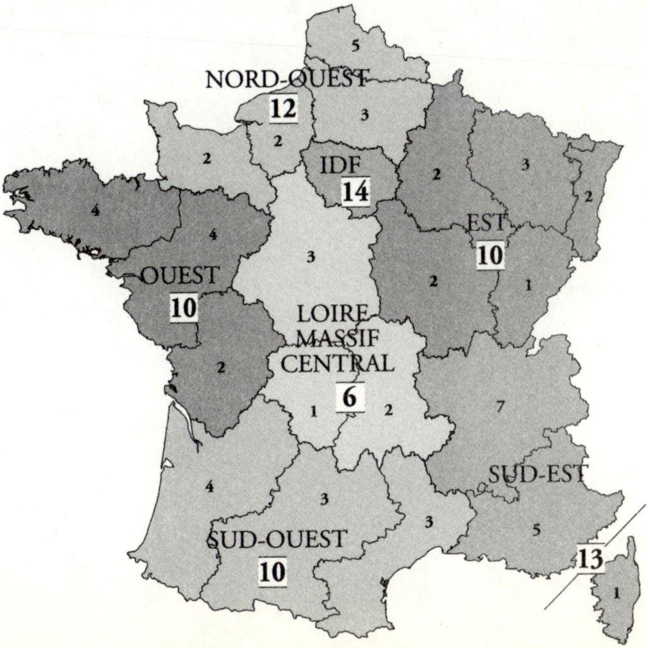

| | |
|---|---|
| NORD-OUEST | Basse-Normandie<br>Haute-Normandie<br>Nord Pas-de-Calais<br>Picardie |
| OUEST | Bretagne<br>Pays de la Loire<br>Poitou-Charentes |
| EST | Alsace<br>Bourgogne<br>Champagne-Ardennes<br>Franche-Comté<br>Lorraine |
| SUD-OUEST | Aquitaine<br>Languedoc-Roussillon<br>Midi-Pyrénées |
| SUD-EST | Corse<br>Provence-Alpes Côte-d'Azur<br>Rhône-Alpes |
| MASSIF CENTRAL-CENTRE | Auvergne<br>Centre<br>Limousin |
| ÎLE DE FRANCE | Île-de-France |
| OUTRE-MER | Saint-Pierre-et-Miquelon, Guadeloupe, Martinique, Guyane, Réunion, Mayotte, Nouvelle-Calédonie, Polynésie française, Wallis-et-Futuna |

## Remerciements

Ils s'adressent par priorité à Michel Prigent. En libérant *Les Systèmes électoraux* des contraintes éditoriales de la collection « Que sais-je ? », il nous a permis de rajeunir en l'étoffant et en le remaniant presque totalement, l'objet d'une recherche entamée il y a longtemps déjà à l'initiative des maîtres fondateurs de la science politique hexagonale : François Goguel, Jean Touchard, Georges Lavau et Maurice Duverger dont le souvenir a accompagné chaque page de cette refondation.

Michel Iturria a très gentiment accepté d'ouvrir deux fenêtres sur l'humour, bienvenues et rafraîchissantes.

Yves Michalon a été accueillant. Hélène de Virieu a fait preuve de beaucoup de patience. Et il en est de même des auteurs du tapuscrit, d'une remarquable efficacité : Jean Crichot, James Pooney, Béatrice Mouca, Marie Magru et Laurence Grant.

# Table

TROISIÈME PARTIE
LES PRÉMICES DE LA TRANSACTION ÉLECTORALE :
L'ESPACE ET LE TEMPS



QUATRIÈME PARTIE
LA TRANSACTION ÉLECTORALE :
LES MODES DE SCRUTIN



CINQUIÈME PARTIE
LA RÉGULATION DU MARCHÉ ÉLECTORAL :
LITIGES ET CONTENTIEUX

*Composé et mis en pages par DV Arts Graphiques à Chartres,*
*cet ouvrage a été achevé d'imprimer en février 2004*
*sur système Variquik*
*par l'Imprimerie Sagim-Canale à Courtry*
*pour les Éditions Michalon*

*Imprimé en France*
Dépôt légal : février 2004
N° d'édition : 220
N° d'impression : 7048